W0011209

Doch!

Erziehen kann leicht sein

Doch!

Erziehen kann leicht sein

Uta Allgaier

Hilfreiche Geschichten
und Tipps aus der Familie
einer Elterntrainerin

Ellert & Richter Verlag

Inhalt

Für meinen Mann,
der mich wie kein anderer darin unterstützt hat,
meinen Blog und dieses Buch zu schreiben.

Für meine Kinder,
die immer großzügig absegnen,
was ich über sie veröffentliche.

Vorwort

Deutschland hat inzwischen die niedrigste Geburtenrate weltweit. Diese Nachricht ging durch alle Medien. Sie verwundert mich nicht. Denn wenn man hierzulande Menschen nach ihren Kindern fragt, hört es sich an, als werde die nächste Generation als Belastung, nicht als Bereicherung empfunden. „Unser Carl ist jetzt 15 und in der Pubertät. Mehr ist dazu nicht zu sagen", seufzte eine Bekannte, die ich nach Jahren wiedertraf, und rollte beim Thema „Sohn" nur die Augen.

Solche Sätze höre ich immer wieder. Und genau deswegen habe ich dieses Buch geschrieben. „Kleine Kinder – kleine Sorgen. Große Kinder – große Sorgen", das ist so ein Spruch, der meinen Widerstand herausfordert. Als wäre es von Anfang an schwierig mit seinem Nachwuchs und würde von Jahr zu Jahr sogar noch schlimmer.

Wenn ich erzähle oder schreibe, dass mein Mann und ich es sehr genießen, Kinder zu haben, kommt häufig Widerspruch. „Ja, ihr habt ja auch Glück." – „Unter den Umständen würde ich es auch genießen." – „Eure sind ja auch anders als unser Philipp, unser Carl, Leo, unsere Anna, Rebecca, Paula …"

Könnte es nicht auch sein, dass wir so eine gute Zeit erleben, **weil** wir diese positive Haltung ihnen gegenüber haben?

Vertrauen wir ihnen, weil es so gut läuft? Oder – wie ich behaupten würde – läuft es so gut, weil wir ihnen vertrauen und uns so an ihnen freuen?

Wie viel sich in der Familie bewegen kann, wenn wir Eltern die Einstellung zu unserem Kind verändern und uns selbst weiterentwickeln, darum geht es in diesem Buch und auf meinem Blog „Wer ist eigentlich dran mit Katzenklo?".

Meine Geschichten handeln von Erlebnissen mit Kindern. Ein Großteil stammt aus unserem Alltag mit „Kronprinz" und „Prinzessin", unseren Kindern. Diese Bezeichnungen sind Code-Namen. Denn da es hier um tatsächliche Begebenheiten geht, sollte nicht jedem aus unserem Umfeld sofort entgegenspringen, um wen es sich handelt.

„Kronprinz" und „Prinzessin" – das klingt nach Märchen, nach rosa Röckchen, Tüll, Spitze und Zauberstab. Es sind aber keine Märchen, sondern Alltagsgeschichten mit handfesten Tipps am Ende jeder Episode.

Natürlich ist das Leben weder Schlossgarten noch Ponyhof, natürlich gibt es echte Sorgenkinder und Eltern, die all ihre Kraft aufbringen müssen, um ihr Kind einigermaßen gut aufwachsen zu lassen. Natürlich gibt es Kummer, der sich mit Geschichten und Tipps nicht einfach in Luft auflöst. Ich behaupte aber, dass ein wesentlicher Teil der Probleme, die Eltern mit Kindern haben, hausgemacht ist. Um diese Art „Problem" und seine Lösung geht es in diesem Buch.

Ich wünsche Ihnen einen neuen Blick auf Ihre Kinder und dass Sie sich nach dem Lesen meiner Geschichten mit mehr Gelassenheit, Freude und Leichtigkeit wieder in Ihr Familienleben stürzen.

Ihre Uta Allgaier

Fundament
für das Glück:
Bindung

Die kleine Meckerziege

In der Kinderkleider-Abteilung eines Kaufhauses stand ich in der Schlange an der Kasse. Vor mir eine Mutter mit einem Mädchen, das vielleicht knapp ein Jahr alt war. Es konnte gerade laufen, wankte von dem Bein der Mutter einen halben Meter zum Buggy und wieder zurück. Vier- oder fünfmal. Dann wurde die Kleine müde und fing an zu weinen. „Du alte Meckerziege", sagte die Mutter und nahm sie unsanft an die Hand. „Du alte Meckerziege?" Hatte ich richtig gehört? Meinte sie diesen kleinen Menschen mit den wasserblauen Augen und dem Nacken voller Locken? Alte Meckerziege?

Okay, mein Mann nennt unseren Sohn auch gern „Spacken". Aber der kann seit mindestens acht Jahren Ironie verstehen.

Aber dieses kleine Mädchen? Es konnte nur Tage her sein, dass es das erste Mal ganz allein auf seinen eigenen wackeligen Beinen stand. In dem Alter ist das die Kategorie „Mondlandung". Man richtet sich auf, sackt wieder zusammen, rappelt sich auf, hat diesen völlig neuen Ausblick. Und dann plumpst sie wieder weg, die neue Welt. Alles beginnt von vorn. Das ist aufregend und anstrengend. Da wird man doch mal müde sein dürfen!

Das Mädchen hörte nicht auf, vor sich hin zu meckern. Es war kein Schreien, kein Weinen. Eher so ein beleidigtes Blubbern wie von unserem Wasserkocher. Die Mutter schob den Buggy mit einem Stapel Kleider ein paar Zentimeter weiter. Die Kleine verlor das Gleichgewicht, der Körper umkreiste Mutters Bein und landete auf dem Po. Mutter zog sie am Ärmchen wieder hoch. „Du alte Meckerziege!"

Ich wollte schon anbieten, dass ich mal an dem anderen Ärmchen zerren könnte. Nur so zum Ausgleich.

Da nahm Mutter die Kleider vom Buggy und stopfte das Kind unter den Bügel in den Sitz. Jetzt weinte es richtig. Die Kassenschlange kam auch nicht richtig voran. Also Schnuller in den Mund gestopft. Die Kleine spuckte ihn wieder aus, drückte sich mit durchgebogenem Rücken aus dem Sitz. „Setzt du dich wohl hin, du alte Meckerziege." Mutter stopfte sie zurück, stopfte den Schnuller wieder rein, hielt diesmal die Hand davor, damit er nicht gleich wieder rausflog.

Es wurde gestopft, gedrückt, geschoben, gar nicht richtig hingeguckt, die Kleider auf den Arm genommen statt das Kind. Was fehlte, war ein Gefühl für das Mädchen, das eine Dosis Nähe brauchte nach all den Aufregungen in dieser glitzernden Kaufhauswelt, nach all dem Ausbalancieren auf den krummen Beinen.

Der Pädagoge Wolfgang Bergmann beschreibt in seinem Vortrag „Wie Kinder Gefühle lernen"[1] eine ähnliche Situation und formuliert, wie ein noch sehr auf Mutter oder Vater bezogenes Kleinkind sich fühlt in so einer Kaufhaussituation: „Ich bin ganz allein, Mama schaut mich nicht an, ich weiß nicht mehr, wer ich bin, ich erfasse die Welt nicht mehr."

Die Frau in der Schlange hätte ich am liebsten zur Rede gestellt. Ich weiß, das ist unfair. Ich habe Kinder, die so groß sind, dass ich sie allein zu Hause lassen kann. Ich kann in Ruhe bummeln gehen, die Szenerie beobachten und mich über eine Frau erheben, die vielleicht seit Tagen kaum geschlafen hat, weil die Kleine zahnt, Durchfall hat, Papa nicht hört, wenn sie nachts weint, Schwiegermutter findet, dass sie sowieso alles falsch macht … Vielleicht regt es mich auch auf, weil ich oft ähnlich reagiert habe, als die Kinder klein waren, weil ich überfordert war und auch nicht wusste, was in solch einer Situation hilft. Dabei wird es wirklich leichter, wenn man ein paar Dinge beachtet.

Tipps

 Schauen Sie genau hin, versetzen Sie sich in das Kind hinein und machen Sie sich klar, wie viele Reize in so einer Kaufhauswelt oder in vergleichbaren Situationen für ein Kleinkind zu verarbeiten sind: viele fremde Menschen, Musik, jede Menge Spiegel, Rolltreppen, Aufzüge, Schaufensterpuppen …

 Nennen Sie das Kind beim Namen oder benutzen Sie eine liebevollere Koseform als „alte Meckerziege".

 Lassen Sie die Kleider auf dem Buggy, nehmen Sie lieber das Kind auf den Arm oder bauen Sie anders Körperkontakt auf, indem Sie zum Beispiel in die Knie gehen und es umarmen oder über den Kopf streichen.

 Sagen Sie Dinge wie: „Ich sehe, du bist müde von der ganzen Lauferei, oder?" Versuchen Sie, die Gefühle des Kindes zu verstehen und in Worte zu fassen. Durch das „Spiegeln", wie Pädagogen das nennen, fühlt es sich nicht nur verstanden und kann sich schneller beruhigen, sondern lernt auch, sein inneres Erleben in Sprache auszudrücken. So werden Kinder selbstsicher.

Wenn der Zwerg das Sagen hat

Mir war von Anfang an wichtig, Kinder nicht zu behandeln, als wären sie unfertige Halbmenschen, die es zu disziplinieren und zu formen gilt. Jahre später habe ich erkannt: Diese Überzeugung darf nicht dazu führen, dass man vor lauter Ehrfurcht vor diesem neuen Menschen in eine Verantwortungsstarre fällt und der Zwerg das Sagen hat, kaum dass er die ersten Worte sprechen kann.

Wenn man Eltern wird, muss man bereit sein zu führen. Ich war das anfangs nicht.

Ich war so begeistert von dieser Schöpfung mit den Speckbeinchen und den braunen Smarties-Augen, dass ich meinen ganzen Tag nach dem kleinen Kronprinzen ausrichtete, meine eigenen Bedürfnisse total zurückstellte und sofort am Bettchen stand, wenn er auch nur einen Muckser von sich gab.

Im Alter von etwa einem dreiviertel Jahr liebte es seine Durchlaucht, Treppen hoch zu krabbeln. So konnte man uns beide in dem Haus, in dem wir damals unsere erste Wohnung hatten, im Flur antreffen, beide auf allen Vieren auf der Treppe.

„Das ist gut für die motorische Entwicklung", erklärte ich der Mülltüte, mit der ich plötzlich auf Augenhöhe war. Unser Nachbar von oben hielt sie in der Hand und betrachtete nachdenklich Mutter und Sohn, die nebeneinander auf allen Vieren die Treppe bezwangen. Der ältere Herr schien nur noch zu überlegen, ob er mich in der Psychiatrie oder lieber in der Hundeschule anmelden sollte.

Das Treppenkrabbeln bereue ich nicht. Das hat Spaß gemacht. Aber es gab Phasen, in denen wir gar nicht aus dem Haus kamen, weil ich nicht wagte einzuschreiten, wenn mein Sohn unbedingt alle seine 23 Autos in die Taschen vom Schneeanzug stopfen wollte.

Das führt zu Baby-Burn-out. Nicht beim Baby, sondern bei seiner Mutter. Meinen früheren Job als Zeitschriften-Redakteurin fand ich vergleichsweise erholsam. Dabei hätte ich es mit ein paar Kenntnissen über diese Kindheitsphase leichter haben können.

Tipps

 Akzeptieren Sie, dass Sie als Mama oder Papa eine familiäre Führungskraft sind. Bei aller Achtung vor der Autonomie des Kindes halten Sie die Fäden immer in der Hand.

 Drucken Sie den Satz „Ich bin und bleibe hier der Chef" in den schönsten Schriften aus und hängen Sie ihn überall in der Wohnung auf. (Wahlweise auch: „Papa und ich sind hier die Chefs.")

 Suchen Sie nach Möglichkeiten, das Baby in der Nähe zu haben und trotzdem Ihre Arbeit machen zu können. Bei den Kleinen ist Nähe, Ansprache und Einbeziehen wichtig, nicht unbedingt Bespielen und Bespaßen.

 Stellen Sie einen Korb mit Deckel in den Wohnraum und sammeln Sie darin die verschiedensten Gegenstände: Schneebesen, Holzlöffel, kleine Trommel, Schlüsselbund, ein Stück Fell, Ball, Zipfeltuch, verschiedenste Rasseln, damit immer etwas zum Entdecken und Spielen greifbar ist, aber auch schnell wieder verschwinden kann. Nehmen Sie keine verschluckbaren Teile, aber gern die verschiedensten Materialien und unbedingt Sachen, die Geräusche machen.

 Achten Sie die körperlichen Bedürfnisse des Kindes (Hunger, Schlaf, Wachsein, Wärme, Kälte) von Anfang an, drängen Sie ihm zum Beispiel kein Essen auf. Aber wann Sie den Spielplatz verlassen, ob es ein Eis gibt und welche Schuhe Sie kaufen, bestimmen Sie.

 Im Konfliktfall schadet es nicht, das schreiende Kind auf den Arm zu nehmen und stoischen Schrittes den Tatort (zum Beispiel den Laden oder Spielplatz) zu verlassen. Klare Ansagen geben Halt.

Vom Thron gestoßen

Als Kronprinz vier Jahre alt war und seine Schwester gerade laufen konnte, gingen wir in einem Park spazieren. Prinzessin hockte etwa 50 Meter hinter uns im Laub, weil sie Steine aufheben musste. Da ergriff der Vierjährige energisch meine Hand und sagte: „Komm, Mama, wir rennen weg."

Ohne mit der Wimper zu zucken hätte er seine Schwester im Park zurückgelassen. Ein Wolfskind wäre sie geworden, irgendwann aufgegriffen vom Wildhüter mit verfilzten Locken und einer Sprache aus Grunzlauten.

Diese kleine Geschichte fiel mir ein, als ich hörte, welche Probleme eine Bekannte mit ihrem Sohn hat, seitdem der kleine Bruder geboren ist. Die Frau wunderte sich über die Wut und Aggression des Jungen und erzählte, ihr Mann und sie hätten es doch so geschickt aufgeteilt: Sie kümmere sich hauptsächlich um das Baby und er abends um den älteren Jungen.

Liebe im Schichtwechsel? Da würde ich mich auch schreiend auf den Boden werfen. „Entthronung" ist für ein Kind besser zu verkraften, wenn man die Akzente leicht verschiebt. Man drücke gelegentlich den Säugling seinem Vater, der Oma oder einer liebevollen Nachbarin in den Arm und lasse sich mit dem Erstgeborenen auf das Sofa fallen. Man sage so Dinge wie: „Wir beide haben ganz schön viel Arbeit mit dem Wurm. Geht dir das Geschrei auch auf die Nerven?" Es folgt ein ausgelassenes Durchkitzeln, eine Kissenschlacht und eine Vorleserunde mit dem großen Kind auf dem Schoß. Danach schläft die Mutter eine halbe Stunde komatös (das hat nichts mit der Eifersucht von Kronprinzen zu tun, sondern mit dem nackten Überleben von Eltern).

Wenn irgendwann später die Kinder hoffentlich schlafen und die Wohnung so schlimm aussieht, dass es auch schon egal ist, sucht man in dem Chaos den Partner und die Erotik. Wenn man nichts findet, zusammen auf dem Sofa kuscheln und eine DVD über die Erotik anderer Menschen gucken.

Bin ich jetzt vom Thema abgewichen? Das tut mir leid, aber ich wurde einfach überflutet von der Erinnerung an diese Zeit, Erinnerung an die Anstrengung, an die perforierten Nächte, an die Frisur mit dem Abdruck vom Stillkissen, an den Brei, der nicht gegessen wird …

Die Zeit mit kleinen Kindern ist die „Rushhour" des Lebens: die Umstellung auf Familie schaffen, den Anschluss im Job nicht verpassen, die Kita-Entscheidung fällen, die Partnerschaft und die Getreidemühle pflegen … Wie soll es da gelingen, die Bedürfnisse jedes Kindes zu sehen und allem gerecht zu werden?

Immer wieder trifft man auf das Zitat von dem „ganzen Dorf", das es braucht, um ein Kind großzuziehen. Die amerikanische Frauenärztin Christiane Northrup schreibt: „Ich erinnere mich gut an die schönste Zeit, die ich mit meinen Kindern verbrachte, als sie klein waren (drei Monate und zwei Jahre). Ich besuchte damals meine Mutter, und meine Schwester und ihre Kinder waren gleichzeitig dort zu Besuch. Meine Schwester stillte auch gerade; wenn ich also eine Weile fortgehen wollte, stillte sie einfach Kate für mich, so wie Frauen es seit Jahrhunderten getan haben. … Unsere Kinder spielten vergnügt zusammen, und ich konnte die Gesellschaft Erwachsener genießen und mich **gleichzeitig** an meinen Kindern freuen."[2]

Solche Bedingungen sind sicher die Ausnahme. Aber es gibt ein paar Verhaltensmuster, die einen entlasten können.

Tipps

 Nehmen Sie sich regelmäßig exklusive Zeit mit dem älteren Geschwisterkind und geben Sie lieber mal den Säugling an vertraute Menschen als immer nur den großen Bruder oder die große Schwester.

 Suchen Sie sich deshalb schon vor der Geburt des Geschwisterkindes Menschen, die den Säugling mal übernehmen können: Verwandte, eine nette Nachbarin, eine Freundin.

 Erwähnen Sie immer wieder, wie froh Sie sind, schon so ein großes Kind zu haben. Stärken Sie sein Selbstbewusstsein, indem Sie es bei den Aufgaben in der Familie helfen lassen. Sehen Sie großzügig darüber hinweg, wenn diese Hilfe noch nicht so perfekt läuft.

 Kümmern Sie sich auch um sich selbst und den Partner. Lassen Sie nicht die sogenannten Haushaltspflichten Ihr Leben bestimmen.

Das Pokerface-Baby

Einst schrieb ich für eine Schweizer Zeitung über ein kleines Mädchen, das im Trennungskrieg der Eltern von seinem Vater entführt worden war. Über viele Monate war Monique in den USA verschollen. Ein halbes Jahr später wurde das Mädchen entdeckt und der Vater verhaftet. Die Mutter, eine gebürtige Schweizerin, kehrte mit dem Kind nach Zürich zurück. Ein Schweizer Gericht aber entschied, sie müsse ihre Tochter in die USA zurückbringen. Aus Angst, ihr würde es erneut genommen, tauchte die Mutter unter und floh mit dem Mädchen quer durch Europa. Eine traurige Geschichte. Und ich hatte den Auftrag, sie zu erzählen.

Während der Recherchen war die kleine Monique stundenweise in meiner Obhut, weil ihre Mutter Anwaltstermine hatte oder zu einer Behörde musste. Mein Mann und ich glaubten, das traumatisierte Kind würde bei uns weinen oder randalieren, weil wir ihm völlig fremd waren. Aber nichts dergleichen. Monique, damals drei Jahre alt, verhielt sich, als hätte sie schon immer bei uns gelebt. Sie spielte friedlich, kuschelte sich an uns, behandelte meine Schwiegereltern, die zu Besuch kamen, wie Oma und Opa, schmuste sogar mit ihnen.

Es war gespenstisch. Wir hatten plötzlich eine kleine Shirley Temple auf dem Schoß. Lockig, zuckersüß und ohne irgendeine Distanz zu Fremden.

Dieses Erlebnis fiel mir wieder ein, als ich Folgendes über die drei unterschiedlichen Bindungstypen las:

Typ 1, die sichere Bindung:
Das Kind weint bei einer Trennung von der Bezugsperson, lässt sich aber bei deren Rückkehr schnell wieder beruhigen.

Typ 2, die unsicher-vermeidende Bindung:
Das Kind zeigt kaum Regung sowohl bei der Trennung als auch bei der Wiederkehr der Bezugsperson.

Typ 3, die unsicher-zwiespältig-ängstliche Bindung:
Das Kind weint bei einer Trennung und lässt sich bei Rückkehr der Bezugsperson kaum beruhigen. Es will Trost und tritt gleichzeitig um sich.[3]

Monique zeigte ganz klar das Typ-2-Verhalten. Ein kleines Mädchen, das seine wahren Gefühle hinter einer einstudierten Fröhlichkeit verbarg. Der Bindungsforscher Karl Heinz Brisch schreibt über diesen Typ: „In den Augen der Bindungspersonen selbst sind diese Kinder nach außen autonom, zufrieden und können mit Trennungen hervorragend umgehen … Aufgrund der Forschung wissen wir aber, dass diese Kinder … solche Trennungssituationen durchaus nicht stressfrei erleben. Genau das Gegenteil ist der Fall. … Der Puls schlägt schneller und sie schütten deutlich Stresshormone aus. Im Unterschied zu sicher gebundenen Kindern haben bindungsvermeidende Kinder bis zum Ende des ersten Lebensjahres aber bereits gelernt, solche … Bindungssignale nicht nach außen zu zeigen."[4]

Noch kein Jahr alt und schon ein Pokerface.

Auch Monique hatte schnell gelernt, sich an die Welt der Erwachsenen anzupassen. Und diese Welt war furchtbar für sie: Monatelang war die Mutter verschwunden, dann wieder

der Vater. In sieben oder acht verschiedenen Krippen oder Kindergärten musste sie sich eingewöhnen und an plötzlich auftauchende Babysitter. Die beste Strategie war für sie, schon als Baby ihre wahren Gefühle zu verbergen und pflegeleicht zu sein.

Nach dem Erscheinen meines Artikels über diesen transatlantischen Krimi hatte ich keinen Kontakt mehr zu Monique und ihrer Mutter. Deshalb weiß ich leider nicht, wie die Geschichte ausgegangen ist. Wenn Sie aber Probleme haben, Ihr Kind in einer Krippe oder an eine neue Tagesmutter zu gewöhnen, kann die Geschichte von Monique Ihre Probleme relativieren. Ihr Kind weint, wenn Sie gehen? Es beruhigt sich bald nach Ihrer Rückkehr? Dann haben Sie ein bindungssicheres Kind.

Tipps

 Wenn ich mein Kind in eine Krippe geben möchte, warte ich nach Möglichkeit, bis es mindestens ein Jahr alt ist. Fabienne Becker-Stoll, Bildungsforscherin vom Staatsinstitut für Frühpädagogik in München, weist darauf hin, dass Stressüberflutung im Gehirn des Säuglings bestimmte synaptische Verbindungen nachhaltig schädigen könne und empfiehlt eine Krippenbetreuung frühestens ab dem ersten Lebensjahr.[5] Je kleiner ein Kind ist, desto mehr braucht es ein feinfühliges und verlässliches Eingehen auf seine Bedürfnisse durch eine konstante Bezugsperson.[6] Als Eltern darauf zu setzen, dass diese Verlässlichkeit in einer Krippe gewährleistet ist, halte ich bei Kindern, die unter einem Jahr alt sind, für zu riskant.

Suchen Sie eine Krippe aus, die eine vier- bis sechswöchige Eingewöhnung anbietet. Optimal ist, wenn die Mutter oder der Vater in diesen Wochen jeden Tag einige Stunden dabei bleiben kann.

 Gerade im Alter zwischen zwölf und 20 Monaten „fremdeln" Kinder besonders stark. Das ist angeboren. Meistens fällt der Start der Krippenbetreuung genau in diese Zeit. Umso wichtiger ist es, die Kleinen behutsam einzugewöhnen und sie erst allein dort zu lassen, wenn ihnen die Bezugspersonen vertraut sind.

 Wenn Sie bei der Eingewöhnungszeit merken, dass die Atmosphäre nicht stimmt, die Erzieher weder ihren Beruf noch ihre Schützlinge lieben, weinende Kinder nicht getröstet oder angelächelt werden, nehmen Sie Ihr Kind und suchen sich eine andere Krippe.

 Es ist nicht per se besser, wenn ein Kind zu Hause betreut wird. Genauso wenig ist es automatisch besser, wenn ein Kind in einer Krippe betreut wird. Entscheidend ist, welche Qualität von Betreuung – an welchem Ort auch immer – geboten werden kann. Qualität meint bei Babys: ein oder zwei feste Bezugspersonen, die einfühlsam auf das Kind eingehen und über Monate präsent sind. „Häufiger Wechsel der Bindungspersonen ist im ‚Bindungssystem' kleiner Kinder nicht vorgesehen – je jünger das Kind, desto weniger."[7]

 Wenn Sie sich entschieden haben, bei Ihren Kindern zu Hause zu bleiben oder wieder in den Beruf zu gehen, lassen Sie sich von anderen nicht abwerten für diese Entscheidung, egal wie sie ausfällt.

Stressfrei mit Kleinkindern

Gestörte Logopädin in Elternzeit

Ich stand in unserer Bankfiliale hinter einem jungen Mann, der in unserem Stadtteil bekannt ist, weil er einer der wenigen Tagesväter in Hamburg ist. Von Zeit zu Zeit sehe ich ihn mit einem Bollerwagen voller Kinder durch den Park ziehen.

Heute wollte er am Bankschalter Geld abheben und hatte zwei Jungen im Alter von knapp drei Jahren bei sich, die sich sofort auf die Spielecke mit der Holzeisenbahn stürzten.

„Oh, da werden Sie Schwierigkeiten haben, die wieder loszueisen", sagte der Bankangestellte hinter dem Schalter, als er dem Tagesvater das Geld auszahlte. „Das gibt garantiert Geschrei. Deshalb habe ich jetzt immer Gummibärchen hier." Er tauchte unter den Tresen.

Der Tagesvater aber steckte das Geld ein, rief „Los, Jungs!" und verschwand. Die Kinder ließen den Holzzug auf offener Strecke stehen und rannten ihm nach.

Stille in der Bank.

Als der Mann am Schalter seine Sprache wiederfand, meinte er nur: „Na, so kann es auch gehen."

Tage später beobachtete ich im Supermarkt eine Mutter mit einem kleinen Mädchen, das etwa eineinhalb Jahre alt war. Die Frau füllte den Einkaufswagen und schob ihn langsam in den nächsten Gang. Ihre Tochter fuhr mit ihrer Hand über die Spätzletüten im Regal. Ich sah, wie sie das Knistern genoss, ihr dann die Mutter wieder einfiel und sie ihr schnell hinterherlief.

Ich war fasziniert von diesem unaufgeregten Einkauf mit Kleinkind und folgte dezent. Das Mädchen ließ sich kurz tragen, um Nähe zu tanken, und entwand sich dann wieder dem Arm seiner Mutter. Die Frau verglich Gemüsekonserven, ihre Tochter Senfsorten. Als das Mädchen ein Glas mit Schattenmorellen aus dem Regal nahm, dachte ich: „Jetzt wird Mama einschreiten." Ich hielt den Atem an, war kurz davor selbst hinzuzuspringen, als das Mädchen das Glas unfallfrei zurückstellte und Mutter und Kind friedlich zur Kasse zogen.

Was habe ich mich dagegen früher gestresst! Zwar habe ich Kronprinz auch im Supermarkt laufen lassen, aber als hochnervöse Mutter des Typs „Ich-mache-mein-Kind-zum-Lebensprojekt" war ich ihm immer auf den Fersen. Mit meinem Atem im Nacken musste er gar nicht selbst darauf achten, dass er Anschluss hielt.

Wenn er nach den Nudeln im Regal griff, war ich sofort auf Augenhöhe und sagte: „Ja, das sind Torrr-te-lini. Die können wir auch mal kochen" – sanft natürlich und voller Verständnis.

Ich erschloss mit dem Kind die Lebenswelt „Einkauf" gemeinsam und nannte die Produkte überdeutlich beim Namen, weil ich in einem Erziehungsratgeber gelesen hatte, man solle das Kind „in Sprache baden". Auf diese Weise würde es einen größeren Wortschatz entwickeln.

So rannte ich hinter meinem Erstgeborenen durch den Supermarkt, eine Frau, die verhindern musste, dass der Kleine Konserventürme umstürzte, und die dabei überdeutlich Worte formte. Wahrscheinlich hielten die Leute mich für eine gestörte Logopädin in Elternzeit.

Da der kleine Prinz keine Verantwortung dafür übernehmen musste, mich nicht zu verlieren (eine Fähigkeit, die jedem Kind angeboren ist, weil sie früher überlebenswichtig war), hatte er jede Menge Zeit, Blödsinn zu machen und zu testen, wann ich mit dem pädagogischen Getue aufhören und die Fassung verlieren würde. Und ich hatte gar keine

Zeit mehr, richtig einzukaufen, nahm den falschen Blätterteig, vergaß die Sahne.

Warum es bei mir nicht funktionierte mit dem lässigen Einkauf, habe ich erst verstanden, als mir meine Freundin das Buch „Auf der Suche nach dem verlorenen Glück" von Jean Liedloff schenkte. Auf ihren Expeditionen zu den Yequana-Indianern im Dschungel Venezuelas hatte Liedloff insgesamt zweieinhalb Jahre bei diesem Stamm gelebt, um herauszufinden, warum sie so offenkundig glücklich waren. Dabei richtete Liedloff ihr Augenmerk besonders auf den Umgang mit Kindern. Sie schreibt: „Ein Kleinkind der Yequana würde es sich nicht im Traum einfallen lassen, sich auf einem Waldweg von seiner Mutter zu entfernen, denn die Mutter blickt nicht um sich, um festzustellen, **ob** es wohl folgt, sie gibt ihm nicht zu verstehen, dass es eine mögliche Wahl gebe oder dass es **ihre** Aufgabe sei, sie zusammenzuhalten; sie verlangsamt lediglich ihren Schritt so weit, dass es mithalten kann."[8]

Die Yequana, so die Forscherin, würden die Fähigkeit zur sozialen Kooperation schon bei den Kleinsten als gegeben voraussetzen. Kinder so zu betüddeln, wie es in westlichen Zivilisationen üblich sei, käme ihnen wie eine Beleidigung der angeborenen Stärke von Kindern vor. Gleichwohl bieten die Yequana ihrem Nachwuchs immer Nähe und Schutz, allerdings nur, wenn die Kinder danach verlangen.

Klar, dass wir nicht an der vierspurigen Hauptstraße die Yequana-Überlebens-Nummer machen, aber ein paar Dinge kann man beachten.

Tipps

 Überlegen Sie sich, welche Arbeit Sie mit dem Klein-kind machen können, dabei sind eher Alltagsverrich-tungen gemeint als die Doktorarbeit. Lassen Sie das Kind dabei möglichst auch etwas „arbeiten".

 Nehmen Sie sich Zeit für diese Arbeit und richten Sie sich mehr auf das Tun als auf das Ergebnis aus.

 Geben Sie dem Kind beiläufig Nähe, wenn es sie braucht, und lassen Sie es in Ruhe, wenn es kein Bedürfnis danach signalisiert.

 Gehen Sie als Eltern oder Betreuer im Park, im Wald oder auch im Supermarkt ihren eigenen Weg.

 Behalten Sie das Kind aus dem Augenwinkel im Blick, aber seien Sie ihm nicht ständig auf den Fersen.

Sich nicht in Grenzen verbeißen

Das Grenzensetzen hat mich sehr gestresst, als unsere Kinder klein waren. Besonders der lebhafte Kronprinz war eine echte Herausforderung. Um damit irgendwie klarzukommen, las ich Bücher wie „Jedes Kind kann Regeln lernen" oder „Warum unsere Kinder Tyrannen werden". Mein Mann und ich besuchten sogar ein Erziehungstraining („Triple P" – Positive Parenting Program), in dem man lernt, die kleinen „Tyrannen" zeitweise auf einen „stillen Stuhl" zu setzen. Neulich erinnerte sich der Kronprinz an eine solche Situation: „Ich weiß noch, wie ich auf einem Stuhl sitzen musste und nichts sagen durfte."

Mir wurde ganz heiß. Ein Tsunami von Schamgefühlen flutete meinen Körper. Wenn ich Disziplinpädagogen wie Michael Winterhoff oder Bernhard Bueb in Talkshows erlebte, wurde ich wütend, weil ich ihr Bild vom Kind nicht mochte. „Nein", wusste ich schon damals, „Kinder kommen nicht als Tyrannen auf die Welt." Und wenn wir Erwachsenen auf dem hohen Ross sitzen und meinen, wir müssten sie von klein auf „in Form bringen", läuft etwas gehörig falsch. Trotzdem fühlte ich mich im Alltag oft hilflos. Ich war fasziniert von der überschäumenden Lebensfreude, die Kinder haben, ihrem Einfallsreichtum, ihrer Energie, musste aber auch irgendwie Struktur kriegen in unsere Tagesabläufe und mit meinen Kräften haushalten.

Wie kann man Kinder im guten Sinne führen? Habe ich darauf heute Antworten, die anders lauten als bei Winterhoff oder Bueb?

Bei einer Zugreise neulich erlebte ich Eltern mit einem etwa zweieinhalbjährigen Mädchen. Die Kleine aß ein Brötchen und der Vater bestand darauf, dass sie über den Tisch gebeugt aß, damit sie nicht so krümelte. Das fand ich etwas viel verlangt für ein Kind in diesem Alter. Ich war auch sehr verwundert, wie ein Mann um die dreißig so pedantisch sein kann, aber Grenzen und Werte sind nun mal sehr individuell. Das ist ja auch in Ordnung.

Wie zu erwarten klappte das krümelfreie Essen nicht. Das ist häufig so bei Anweisungen, die ein Kind überfordern. Der Vater begann, in einen Prozess zu geraten, den ich „Sich-in-das-Grenzensetzen-verbeißen" nenne. „Zu Hause kannst du auch über dem Tisch essen, Luisa. Das wird doch hier nicht so schwierig sein." Er sprach laut und beugte sich drohend zu ihr rüber. In Erwartung eines kleinen, feinen Erziehungsdramas verstummten die Gespräche im Großraumabteil. „Supernanny" im Zug hat einfach Unterhaltungswert.

Aber dann mischte sich die Mutter ein. Sie strich dem Mädchen liebevoll über den Kopf, packte das Brötchen ein, an dem es sowieso nur noch lustlos herumgekaut hatte, hob die Kleine in den Gang und begann ein Gespräch mit ihrem Partner. Plötzlich saßen die beiden da, hielten sogar Händchen und sprachen über eine Kunstausstellung, die sie begeisterte. Das kleine Mädchen hatte inzwischen seitlich am Tisch einen Gurt entdeckt, den es herausziehen und mit dem es spielen konnte. Zwischen den Eltern war es plötzlich ganz innig und Luisa spielte versonnen im Gang.

War das nicht genial von dieser Mutter? Was kann man daraus ableiten?

Greifen Sie ein, ohne den Partner ins Unrecht zu setzen.

 Blasen Sie einen Konflikt nicht zum Machtkampf auf. Geben Sie dem Thema (in diesem Fall dem Krümeln) nicht so ein Gewicht.

 Schenken Sie körperliche Nähe. Die Mutter aus dem Zug hat das Mädchen im Arm gehalten, es innig angeschaut und dann in den Gang gesetzt. Das zeigt dem Kind: Wir haben ein paar Regeln, die eingehalten werden, aber das Band, das uns beide verbindet, bleibt davon unberührt.

 Nehmen Sie das Kind aus dem Fokus erwachsener Aufmerksamkeit („Nein, Luisa, jetzt nicht den Trinkbecher." –„Ja, so ist es gut, Luisa." – „Rutsche noch ein Stückchen nach vorne." – „Du bröselst hier doch alles voll, Luisa.") und entspannen Sie dadurch die Situation.

 Vermeiden Sie in der Partnerschaft Rechthaberei über Erziehungsfragen.

 Geben Sie der Partnerschaft mehr Gewicht. Auch das entspannt das Kind (diesmal auf einer tieferen Ebene), denn Kinder haben evolutionsbedingt eine Antenne dafür, dass der Zusammenhalt der Eltern ihr Überleben sichert.

Die Gähnattacke

Es wird immer empfohlen, dass Eltern mit ihren Kindern etwas unternehmen sollen, mit ihnen spielen, basteln, bauen, vorlesen, backen sollen. Es gibt aber Spiele, die sind für Erwachsene furchtbar, zum Beispiel die mit einem „Pädagogisch wertvoll"-Siegel. Sie wissen schon: Alles in dem Karton ist recycelbar, die Holzfiguren sind bienenwachsgeölt. Jede Ecke, jede Kante ist waldorfpädagogisch abgerundet. Und die Spielanleitung wurde geprüft von Erziehungswissenschaftlern und ihrem Stab beflissener Studentinnen mit großem Kinderwunsch. Das Spielbrett ist von einer warmen Buntheit, das Design inspiriert von evangelischen Kirchenbasaren, die Regeln sind schlicht und gewaltfrei.

Als Prinzessin fünf oder sechs Jahre alt war, mochte sie solche Spiele sehr. Aber ich bekam schon eine Gähnattacke, wenn sie die ersten Vögelein neben die Bäumelein auf die Äckerlein stellte. „Los, Mama, du bist dran." – „Echt?" Ich riss meinen Blick los von der Zeitung, die ich verstohlen auf dem Stuhl neben mir las. „Entschuldige, Schatz."

Furchtbar sind auch viele Erstlesebücher von 6 bis 8 oder 8 bis 10. Fast immer war ich von ihnen enttäuscht. Da freut man sich, dass es mit dem Lesen endlich losgeht, und dann langweilen einen einfältige kleine Schuldetektive, die den bösen Hausmeister beim Vergiften von Goldfischen belauern. Der Wortschatz ist höchstens ein Schätzchen. Das Spannendste ist noch, eine rote Folie auf ein verschlüsseltes Wort am Buchende zu legen und dann gemeinsam die Lösung der Detektivarbeit zu buchstabieren: „Hausmeister." Potzblitz.

Aus einem Vortrag des Hirnforschers Manfred Spitzer kenne ich folgendes Beispiel für einen inspirierenden Umgang schon mit ganz kleinen Kindern: Ein junger Mann, wissenschaftlicher Mitarbeiter an einem Philosophie-Lehrstuhl, ist Vater geworden. Der Säugling liegt bäuchlings auf seinem Arm, in der anderen Hand hält der Vater eines der Werke Immanuel Kants und liest dem Kleinen begeistert daraus vor. „Was für ein Schwachsinn!", könnte man denken. Was soll ein so kleiner Wurm verstehen vom Kategorischen Imperativ? Manfred Spitzer aber versichert, der junge Vater tue genau das Richtige.

Heute kann man mit Elektroden an der Kopfhaut die Gehirnaktivität messen. In der Situation Säugling mit Vater und Immanuel Kant lässt sich – so Spitzer – im Gehirn des Kleinen geradezu ein Feuerwerk an Aktivität nachweisen.

Und wovon genau wird dieses Feuerwerk entzündet? Von Immanuel Kant? Von dem sprachlich hohen Anspruch seines Werkes? Nein.

B + B = Bindung + Begeisterung

Der junge Vater macht zwei Dinge goldrichtig. Erstens schenkt er seinem Kind Nähe, engen Körperkontakt. Zweitens ist er begeistert von dem, was er tut. Natürlich versteht der Säugling die Sätze noch nicht. Aber sein Gehirn, das von der ersten Minute seines Lebens darauf ausgerichtet ist, Strukturen aufzuspüren, wird bereits an eine sehr anspruchsvolle Satzmelodie gewöhnt. Und schon die ganz Kleinen spüren Emotionen. „Ah, Papa ist schwer begeistert, das könnte auch was für mich sein."

Bindung und Begeisterung, eine unschlagbare Kombination im Umgang mit Kindern.

Und was machen wir? Wie oft quälen wir uns mit Dingen, die uns so gar nicht inspirieren und zwingen uns, sie zu machen, weil sie so lehrreich sein sollen für unsere

Kinder? „Wie hobbylos ist das denn!", würde Kronprinz dazu sagen.

Wir stecken unsere Kleinen in Kitas, die mit Frühenglisch werben oder einem Labor für erstes Experimentieren. Wenn aber der Betreuungsschlüssel nicht stimmt und die Kinder nur noch in Schach gehalten werden von überlasteten Erzieherinnen, die sich nach der nächsten Raucherpause sehnen, dann macht das Frühenglisch einen guten Eindruck im Flyer, aber sonst gar nichts.

Bindung und Begeisterung, welch schöner Auftrag für unser Leben mit den Kindern.

Tipps

 Weg mit all dem Krampf! Tun Sie, was Sie begeistert, und beziehen Sie Ihre Kinder mit ein.

 Verzichten Sie nicht wegen der Kinder auf Ihre Hobbys und Leidenschaften!

 Wenn es dem Kind gut geht, geht es den Eltern gut. Wenn es den Eltern gut geht, geht es dem Kind gut. Das ist ein Wechselspiel. Also sorgen Sie gut für den Nachwuchs und gut für sich selbst. Mit Aufopferung ist niemandem gedient.

 Schreiben Sie spontan eine Liste mit allem, wozu Sie Lust haben. Bei mir geht das so los: Badminton spielen, Eislaufen auf Elbe-Seiten-Kanal, Beauty-Abend mit Prinzessin und Schwimmkerzen in der Wanne, Drei-Fragezeichen-CDs hören und Peter Shaw imitieren, zusammen selbst Pizza backen, Kissenschlacht im großen Bett …

Engelchen flieg

Ich habe früher gedacht, ich müsste durch meine Stimmung unterstreichen, dass ein bestimmtes Verhalten des Kindes nicht erwünscht ist. Sandkastensand im ganzen Garten verteilt, Blumentöpfe umgeworfen und die Terrasse geflutet – also wird nicht nur geschimpft, sondern dem Kind durch abweisenden Gesichtsausdruck oder sogar Missachtung zu verstehen gegeben, dass man dieses Verhalten nicht mag.

Sonst habe ich es nicht so mit den Kategorien „richtig" und „falsch". Aber in dieser Sache kann ich sagen: Das ist falsch.

Dass man spontan ausrastet, rumbrüllt, die Förmchen in die Sandkiste pfeffert – geschenkt. Dafür sind wir Menschen und keine Erziehungsroboter. Und jedes Kind ist froh, wenn es echte Menschen erlebt und nicht Leute, die pädagogisch wertvoll Eltern spielen.

Ein Kind (und überhaupt Menschen) mit Gefühlen zu manipulieren, ist Gift für das Selbstgefühl. Dann geht es nicht mehr um die Sache, um Regeln, die eingehalten werden, Grenzen, die gewahrt werden sollen. Dann geht es um die Person. Und die trifft es ins Mark, wenn die Beziehung auf dem Spiel steht. Denn das ist es, was gesendet wird: Unsere Beziehung steht auf dem Spiel. „Dann hat Mami dich nicht mehr lieb." Ich hoffe, dass niemand mehr einen solchen Satz sagt, aber das Prinzip, das dahintersteckt, wird unbewusst von Generation zu Generation weitergereicht.

In einem meiner Elternkurse hatte ich mal angeregt, zur Feier der Zeugnisvergabe mit der ganzen Familie Pizza essen zu gehen. „Was?!", empörte sich eine Mutter. „Ich soll dieses miese Zeugnis auch noch belohnen? Das kommt gar nicht infrage." Sie war entschlossen, wegen der schlechten

Noten ihres Sohnes in der Familie anhaltend schlechte Stimmung zu verbreiten.

Hat schon mal jemand erlebt, dass die schulischen Leistungen besser werden, wenn Eltern ihr Kind mit schlechter Stimmung bestrafen?

Für mich ist es das Verdienst des 2011 verstorbenen Familientherapeuten Wolfgang Bergmann, deutlich gemacht zu haben, dass Eltern Grenzen setzen **und** das Band zwischen sich und dem Kind stärken können.

Beispiel Quengeln an der Supermarktkasse: Eine Mutter wartet mit ihrer dreijährigen Tochter an der Kasse, rechts und links Süßigkeiten. Die Kleine mault und meckert, will sofort Kaugummi, nimmt sich Pfefferminz aus dem Regal, muss es zurücklegen, wirft sich heulend auf den Boden … Bergmann zufolge kann man als Eltern jetzt erst einmal tief durchatmen und sich klar machen, dass dieses Kind normales Neugierverhalten zeigt und sicher gebunden ist, sonst würde es nicht so die Welt entdecken und besitzen wollen. Also: Die Blicke der Leute stolz parieren, sich zum Kind hocken, ihm in den Nacken pusten und Dinge sagen wie: „So viele tolle Sachen. Da fällt es wirklich schwer, wenn man sich nur eins aussuchen darf, oder? Gut, dass du dich für die Himbeermarmelade entschieden hast. Jetzt können wir gehen."

„In den frühen Bindungssituationen, im verspielten Miteinander haben sich zwischen Eltern und Kind viele kleine Rituale, Gesten versöhnlicher Art, Berührungen tröstender Art usw. eingeübt. … Eine davon wenden Sie an … und die Welt verliert ihre bedrohlichen Züge und aus dem ‚Ich-will-ich-will-nicht' erwächst Beruhigung."[9]

Zeigen Sie dem Kind, dass Sie sein Bedürfnis verstehen, und versuchen Sie in Worte zu fassen, was wohl in ihm vorgeht („spiegeln"). Wenn man nur ablenkt, fühlt sich das Kind nicht ernst genommen.

 Spenden Sie mit Körperkontakt Nähe, Sicherheit und Trost. Nehmen Sie es im Supermarkt auf den Arm oder beim Ausflug zwischen zwei Erwachsene und spielen Sie „Engelchen flieg".

 Aber geben Sie in der Sache nicht nach.

 Manipulieren Sie nicht mit schlechter Stimmung, sondern stärken Sie durch die Kombination aus Klarheit und Nähe das Band zwischen sich und dem Kind.

Mehr Frieden in der Familie

Das Ende des Geschwisterstreits

Mir ist es wichtig, dass Eltern „entspannlich" leben können. „Entspannlich" ist eine Wortschöpfung unseres Sohnes, als er drei Jahre alt war. Ich saß im Zimmer bei Kerzenschein und Kaffee und er sagte: „Hier ist es aber entspannlich, Mama."

Ich bin in mich gegangen und dort auf ein Thema gestoßen, das Eltern am häufigsten die „Entspannlichkeit" raubt: Geschwisterstreit. Ist Ihnen aufgefallen, dass es oft die liebevollsten Eltern sind, die sich mit diesem Problem herumschlagen? Eltern, die Bücher lesen mit Titeln wie „Das Zwiegespräch, Büchsenöffner für die Seele" oder „Therapie des Umarmens". Sie haben noch nicht das Vorwort zu Ende gelesen und im Haus ist ein Geschrei, als würde „Stirb langsam" gedreht.

Dafür gibt es eine Lösung. RAUSHALTEN. Ja, mischen Sie sich **nicht** ein. Machen Sie den Kindern klar, dass Ihnen Ihre Zeit zu schade ist, um den Schlichter zu spielen. Nehmen Sie sich ein gutes Buch und Ohrenstöpsel und schließen Sie sich im Bad ein oder gehen Sie mit dem Hund spazieren. Ich bin mir sicher, nach Ihrer Rückkehr herrscht Frieden. Bei Streit im Auto bin ich früher an den Rand gefahren und habe den Motor erst wieder gestartet, wenn das Scharmützel auf der Rückbank vorbei war.

Für Kinder ist Streit eine verlockende Möglichkeit herauszufinden, auf welche Seite sich Mama oder Papa schlagen. Tappen Sie nicht in diese Falle! Meistens kennt man die Vorgeschichte nicht und ist auf wackelige Zeugenaussagen angewiesen, um den Sachverhalt beurteilen zu können.

Neulich habe ich bei Freunden Folgendes belauscht: Tom, sechs Jahre alt, baute eine Autobahn in der Sandkiste.

Gerade war ein gewagter Alpenpass festgeklopft worden, als die vierjährige Theresa, der Schrecken aller Straßenbauer, mit einem Stock tiefe Löcher in das Fundament bohrte. Der Bauleiter riss ihr den Stock weg, die Kleine rannte heulend zur Mutter. „Toooom hat mir den Stock weggenommen!" Schnappatmung, sandige Tränenrinnsale auf beiden Wangen.

Was jetzt kommt, haben wir alle schon gemacht: Mutter marschiert genervt zu Tom, sagt einen der Ich-habe-dir-schon-tausendmal-gesagt-Sätze. Jetzt heult Tom, wirft mit Sand. Mutter schleift ihn hinter sich her ins Haus. Klein-Theresa sitzt selbstzufrieden in den Trümmern des alpinen Autobahnkreuzes.

Bei einer Mutter, die an Gerechtigkeit glaubt, hätte das noch länger gedauert. Sie hätte klären wollen, wer angefangen hat, hätte Tom gepredigt, er müsse Rücksicht nehmen, weil die Schwester kleiner, schwächer, ein Mädchen sei … was auch immer. Das Ergebnis wäre das Gleiche gewesen. Nur Theresa hätte gelernt, welche immensen Vorteile diese Opfernummer hat.

Auch der amerikanische Psychologie-Professor Wayne W. Dyer rät, sich aus Streitigkeiten der Kinder konsequent herauszuhalten und sich an einen ruhigen Ort zu begeben. „Tun Sie dies zwei Wochen lang und Sie werden feststellen können, dass man Sie nicht ständig damit überfällt, jede kleine Meinungsverschiedenheit in Ihrer Familie schlichten zu müssen … Zeigen Sie allen Beteiligten, dass Sie sich für zu wichtig halten, als dass Sie hinter kleinen Kindern herlaufen und ihre ganzen Bewegungen beobachten, sodass Sie darüber entscheiden können, wer was falsch gemacht hat und wer nicht."[10]

Was wollen Sie auch tun, um zu richten? Wollen Sie den kleinen Täter auf die Bibel schwören lassen, um der Wahrheit näher zu kommen, und das Mädchen, das gepetzt hat, ins Zeugenschutzprogramm aufnehmen?

Die Schwedin Anna Wahlgren schreibt, dass sie ihren Kindern bei jeder Gelegenheit unter die Nase hält, wie toll es ist, Geschwister zu haben. Sie empfiehlt, kleine Kinder zusammen in einem Zimmer unterzubringen und lieber ein Schlafzimmer und ein Spielzimmer einzurichten, als jedem ein eigenes Zimmer zu geben. Sonst würde man ihnen so von Anfang an ein Territorialverhalten angewöhnen. „Das ist meins!" – „Hier darfst Du nicht rein!" Erst zu Beginn der Pubertät sollte man den Kindern eigene Zimmer zugestehen, weil sie dann Rückzugsräume bräuchten.[11]

Für uns kam der Tipp leider zu spät. Ein bisschen davon praktiziere ich, indem ich mit meinen Sachen nicht so „territorial" bin. Prinzessin und ich tauschen eifrig Nagellack aus, der Kronprinz benutzt meinen Computer, ich durfte seine Pistolen und Schwerter mit in den Elternkurs nehmen. Vielleicht haben wir nicht so viel „Mein"-„Dein"-Streit, weil wir im Umgang miteinander eine gewisse Großzügigkeit etabliert haben und weil die Kinder wissen, dass mir meine „Entspannlichkeit" viel wichtiger ist als irgendwelche Rechthabereien.

Tipps

 Halten Sie sich bei Geschwisterstreit heraus, schicken Sie die Kinder weg oder verlassen Sie selbst den Ort des Geschehens. Ziehen Sie sich ins Bad zurück oder – abhängig vom Alter der Kinder – machen Sie einen kleinen Spaziergang.

 Sagen Sie: „Mich interessiert nicht, wer angefangen hat. Wenn ihr nicht aufhört, geht ihr beide auf eure Zimmer." Meistens steht man dann als ungerecht da und es kann passieren, dass die Geschwister sich gegen die Eltern solidarisieren. Was will man mehr?

 Geben Sie kleinen Kindern ein gemeinsames Schlaf- und Spielzimmer statt jedem ein eigenes Zimmer. Eigene Rückzugsräume sind erst in der Pubertät notwendig.

 Achten Sie darauf, selbst nicht rechthaberisch zu sein.

 Zwingen Sie Ihre Kinder nicht, zu teilen oder etwas von ihren Sachen abzugeben. Leben Sie lieber Großzügigkeit vor.

Ungerechte Eltern

Vorgestern Nacht habe ich Dragee-Eier in kleine Tüten gefüllt, um sie am Ostermorgen im Garten zu verstecken. Um gerecht zu sein, fing ich an, die kleinen Eier abzuzählen. Dann hielt ich inne: „Spinnst du?", sagte ich zu mir selbst. „Möchtest du Kinder haben, die nicht damit zurechtkommen, dass der Bruder oder die Schwester ein Dragee-Ei mehr im Beutel hat als sie selbst? Nein!"

Natürlich liegen zu Weihnachten ungefähr gleich viele Geschenke für beide Kinder unter dem Weihnachtsbaum und in der Eisdiele dürfen beide zwei Kugeln mit Streusel. Natürlich verwöhnen wir nicht das eine Kind und halten das andere knapp. Aber wir nehmen das Thema „Gerechtigkeit" nicht zu wichtig.

Was ist denn gerecht? Wenn alle immer das Gleiche bekommen? Aber die Kinder sind doch auch unterschiedlich.

Meine Freundin hat drei Kinder. Wenn eins davon anfängt zu maulen „das ist aber ungerecht!", sagt sie ihnen: „Gerechtigkeit ist sowieso nur ein moralisches Konstrukt." Ich weiß nicht, ob auch der Jüngste das versteht, aber zumindest wissen die Drei, dass sie diesen Knopf bei Mama nicht zu drücken brauchen.

Wenn Eltern überängstlich darauf bedacht sind, gerecht zu sein, setzen sie die Kinder auf die gleiche Spur. Dann infizieren sie sie mit dem Gefühl, man könnte zu kurz kommen. Solche Eltern geben sich unglaublich viel Mühe und erreichen genau das Gegenteil von dem, wofür sie sich so angestrengt haben. Aus dem gut gemeinten Wunsch, niemanden zu benachteiligen, verbreitet sich ein Gefühl permanenten Mangels. Die Kinder bekommen den Eindruck, dass alles knapp ist, wenn mit so viel Anstrengung um gleiche Verteilung gerungen wird.

Kennen Sie das von Kindergeburtstagen? Es sind immer kleine Gäste dabei, die Angst haben, sie kämen zu kurz: beim Aufschneiden des Kuchens, bei der Vergabe der Rollen im Spiel, der Verteilung der Preise … Wenn wir Kinder mit dem Gerechtigkeitsvirus infizieren, entwickeln sie die Einstellung, andere seien ihnen etwas schuldig: die Eltern, die Lehrer, der Staat, das Leben.

Als Kronprinz in der dritten Klasse war, ging mein Mann zum Elternabend. Die erste mehrtägige Klassenreise stand bevor. Die Lehrerin wollte die Regel vereinbaren, dass niemand seinem Kind eine Karte oder einen Brief in das Landschulheim schreiben dürfe. Denn wenn 15 Kinder Post bekämen und zehn bekämen keine, dann sei das ungerecht. Die meisten Eltern nickten. Mein Mann meldete sich zu Wort und sagte, dem könne er nicht zustimmen. Diese Regel sei grenz-sozialistisch. Und auch die Diktatur der überbesorgten Mütter werde ihn nicht davon abhalten, seinem Sohn einen Brief zu schreiben, wenn ihm danach sei.

Stille.

Schockstarre der Gerechtigkeitsanhänger.

Bitte verstehen Sie mich nicht falsch: Wenn wir eine Gruppe von Kindern beschenken wollen, darf natürlich kein Kind leer ausgehen. Aber man sollte sich nicht bei jeder Gelegenheit in das Thema „Gerechtigkeit" verbeißen.

Tipps

 Schenken Sie spontan und aus vollem Herzen! Gerade kleine Kinder freuen sich über Kleinigkeiten: eine Muschel, ein Stein, eine schöne Feder …

Geschenke müssen nicht teuer sein, aber schenken Sie häufig und persönlich. Leben ist Fülle, kein Aufrechnen, Abmessen, Wiegen. Je früher Kinder diese Fülle erleben, umso besser.

 Lassen Sie den Vorsatz fallen, als Mutter oder Vater gerecht sein zu wollen. Sonst ziehen Sie Kinder groß, die ständig ein „Das ist aber ungerecht!" auf den Lippen tragen, egal in welchem Überfluss sie leben. Die Gerechtigkeitsdebatte ist das Einfallstor für viel Geschwisterstreit.

 Wenn ich selbst mal leer ausgehe oder enttäuscht bin über ein Geschenk, meckere ich nicht rum. Ein anderes Mal werde ich dann umso reicher beschenkt werden.

 Wenn ein Kind Geburtstag hat, nicht den anderen „Trostgeschenke" kaufen. Was ist das denn für eine Idee? Damit vermitteln Sie dem Geschwisterkind, dass es sonst Mangel leidet, dass es sich nur freuen kann, wenn es auch beschenkt wird. Damit vereiteln Sie die Freude des puren Mitfreuens. Kinder schenken selbst so gern. Lieber die Freude auf der Geberseite erleben lassen, statt alles mit Trostgeschenken zu ersticken.

 Stellen Sie die Freude in den Vordergrund, nicht das „moralische Konstrukt" Gerechtigkeit. Wenn Sie merken, Sie verstricken sich in rechthaberische Diskussionen über Gerechtigkeit, halten Sie inne und wickeln Sie das nächste kleine Geschenk ein.

Strafe oder logische Konsequenz?

Ich werde oft gefragt, was man gegen das Trödeln bei Kindern tun könne. Das fragt man **mich**? Ich erhole mich heute noch von den Kämpfen, die wir mit Kronprinz hatten, weil es ewig dauerte, bis er die Jacke anzog und den Ranzen schulterte, um endlich in die Grundschule zu gehen. Da war die Corn-flakes-Schachtel, in die er Fenster schneiden musste, da tauchte das Legoteil auf, das er so lange vermisst hatte, da musste das Zahnpasta-U-Boot im Waschbecken seine Tor-pedos abfeuern. Regelmäßig waren mein Mann und ich mit den Nerven am Ende, ehe der Tag richtig begonnen hatte.

Wenn man daneben steht, wird es meistens noch schlim-mer. Schnell entstehen Machtspielchen und das „Ich zähle bis drei, dann hast du deine Jacke an" nutzt sich schnell ab. Vor allen Dingen: Was machen Eltern, wenn sie „zwei-drei-viertel" zählen und die Jacke immer noch am Haken hängt? Das Kind packen und aus dem Haus zerren? Schon mal voraus laufen und hoffen, dass es nachkommt? Fernseh-verbot? Der Kronprinz spürte genau, wie verliebt ich in ihn war (und bin), gerade wegen seiner überbordenden Fanta-sie und seiner Verträumtheit. Und er musste jedes Mal aus-testen, wie weit er damit gehen konnte.

Tipps

 Werden Sie sich klar, dass da eine Situation besteht, die Sie nicht mehr aushalten.

 Machen Sie sich bewusst, dass man als Eltern eine klare Haltung einnehmen muss. In meinem Fall gab es tief in mir drin eine Wehmut: „Schade, dass mein kleiner Träumer zur Schule muss." Kinder sind Experten im Aufspüren von Unsicherheit und Unentschiedenheit. Die merken sofort, wenn wir wankelmütig sind.

 Formulieren Sie für sich selbst eine klare Position und verinnerlichen Sie: „Der Kronprinz geht ab morgen ohne Stress pünktlich zur Schule. Das ist wichtig für ihn und für mich. Ende-Gelände." Ich bleibe ruhig und gelassen und – Achtung, jetzt kommt das Entscheidende – lasse es geschehen, dass er vielleicht einige Male richtig zu spät kommen wird. Es kann sinnvoll sein, die Lehrerin (und eventuell den eigenen Arbeitgeber) in dieses Vorgehen einzuweihen.

Sie ahnen schon, worum es geht: die logische Konsequenz.

Wenn meine Teenager ihre Schmutzwäsche nicht in den Wäschekorb tun, wird sie nicht gewaschen.

Wenn es mit dem Zähneputzen bei Kindern im Grundschulalter nicht verlässlich klappt, kaufe ich keine Süßigkeiten.

Wer sein Zimmer nicht einmal die Woche aufräumt, muss damit leben, dass es nicht geputzt wird.

Wer ein Glas fallen lässt, fegt die Scherben auf (oder hilft dabei, je nach Alter).

Wer seine iTunes-Schulden nicht bezahlen kann, arbeitet sie ab (Auto aussaugen, Rasen mähen, Laub fegen).

Wer ständig draußen auf Strümpfen herumläuft, zahlt vom Taschengeld eine kleine Sockensteuer.

Das kleine Mädchen, das darauf besteht, jeden Morgen in die Kita das Prinzessinnenkleid anzuziehen, darf in dieser Robe nur in die Bücherecke und nicht in die Matschzone (kein Zwingen, kein Schimpfen, aber Absprache mit der Erzieherin).

Wer sich nicht mit einem Sonnenschutzmittel eincremen lässt, bleibt im Haus.

Diese Maßnahmen klingen hart, sind aber Schimpftiraden oder Strafen deutlich vorzuziehen. Hier sehen Sie die kleinen, aber entscheidenden Unterschiede zwischen logischer Konsequenz und Strafe:

Logische Konsequenz	Strafe
Direkter Zusammenhang zum Geschehen	Ohne Zusammenhang, eher Vergeltung
Realität bestimmt das Maß	Oft unangemessen
Wertfrei	Enthält oft moralisches Urteil
Es geht um den Sachverhalt	Es geht um die Person
Keine Abwertung der Person	Demütigend
Stellt die Beziehung nicht in den Mittelpunkt	Gefährdet die gute Beziehung
Sachlich	Ärgerliche Grundstimmung
Das Kind lernt, Verantwortung zu übernehmen	Das Kind wird zum Befehlsempfänger und lehnt sich irgendwann auf

Das ist ein komplexes Thema und ich hoffe, ich erschlage Sie damit nicht, denn es geht noch weiter mit den Unterscheidungen: Es gibt Eltern, die logische Konsequenzen als Strafe einsetzen. Das erkennt man daran, dass sie ihr Kind eine Erfahrung machen lassen und danach sagen: „Siehst du!" – „Habe ich doch gleich gesagt." – „Das passiert eben, wenn man so ein Chaot ist." – „Wer nicht hören will, muss fühlen." Das sind Sätze aus dem Giftschrank.

Dann gibt es Eltern, die ohne Ende Folgen androhen, aber nie auch nur eine einzige tatsächlich eintreten lassen. Diese machen sich zur Witzfigur für ihre Kinder. Ständig ist schlechte Stimmung und Stress. Nichts wird erreicht.

Das andere Extrem sind die Eltern der harten Schule. Sie sind stolz darauf, dass sie ihre Kinder in jedes Messer laufen lassen, das das Leben so bietet. Diese Kinder werden durchsetzungsfähig und selbstständig, erfahren Familie aber nicht als wärmende Gemeinschaft.

Was funktioniert, ist wieder einmal die Mitte. Kinder sollten Familie erfahren als einen Ort, wo man sich gegenseitig gern hilft, man auch den Müll rausbringt (Kind) oder auch das Turnzeug in die Schule nachträgt (Eltern). Nur wenn eine Erziehungssituation verfahren ist, das Kind sich immer darauf verlässt, dass die Eltern alles wieder hinbiegen werden, sollten die Eltern den Mut haben, das Schiff auch mal auf Grund laufen zu lassen.

Kleines Fragezeichen in Perpignan

In unserem Sommerurlaub haben wir die südfranzösische Stadt Perpignan besucht. Stellen Sie sich vor: Wir sitzen bei 30 Grad im Schatten in einem Straßencafé, die Oberschenkel kleben an den Bistrostühlen. Kaum ein Wind schafft es bis in die schmalen Gassen. Eine deutsche Familie setzt sich an den Nebentisch: Eltern, Großeltern, zwei Mädchen im Alter der großen Zahnlücken.

„Ich will ein Eiiiiis", ruft das kleinere Mädchen, als die Erwachsenen noch die Stühle rücken.

„Erdbeere, Zitrone und Schokolade."

„Hier gibt es kein Eis, nur Crêpes mit Zucker", sagt die Mutter.

„Menno, ich will aber ein Eis."

„Du hast doch gehört, es gibt hier keins." Mutter und Oma fächeln sich mit der Speisekarte Luft zu.

„Setz dich mal gerade hin. Kaum sind wir ein paar Meter gelaufen, hängst du hier am Tisch wie ein Schluck Wasser in der Kurve."

„Wir können doch einen Eisladen suchen."

„Gerade sitzen hab' ich gesagt", Mutter drückt dem Mädchen die Hand in den Rücken. „Ich habe dir schon mal gesagt, du sollst dich benehmen." Mutter zerrt den Stuhl mit dem kleinen Mädchen näher zum Tisch. „Du kannst dich benehmen, das weiß ich. Aber du willst es nicht."

„Können wir jetzt gehen? Hier gibt es ja doch kein Eis."

„Du sollst dich benehmen, habe ich gesagt, einfach mal zehn Minuten artig sein. Ist das zu viel verlangt?"

Es folgen weitere Ausführungen über das Benehmen des Mädchens im Urlaub und allgemein.

Der Wortschwall aus dem Mund der Mutter und die Hitze haben es ganz in sich zusammensinken lassen. Es hängt am Tisch wie ein kleines, schwitzendes Fragezeichen.

„Sich benehmen, artig sein, tun, was sich gehört" – das sind moralische Kategorien, mit denen ein Kind nichts anfangen kann. Es spürt nur diffus, dass irgendetwas mit ihm nicht in Ordnung ist. Wir sollten Kindern nicht dadurch Grenzen setzen, dass wir ihnen abstrakte Normen und Verhaltensregeln referieren.

„Kinder wollen stets mit ihren Eltern zusammenarbeiten, und das fällt ihnen umso leichter, je persönlicher wir sie ansprechen und je gleichwürdiger wir sie behandeln, statt sie zurechtzuweisen und von oben herab zu behandeln."[12]

Ich hätte mich der gestressten Mutter gern zum Soufflieren ins Ohr gesetzt. Etwa so hätte sie dann gesprochen: „Dir ist es wichtiger, ein Eis zu essen als etwas zu trinken? Es tut mir leid, aber hier gibt es kein Eis." *(Wunsch nicht abgebügelt, Bedürfnis anerkannt.)*

„Trotzdem werden wir hier bleiben. Oma und Opa haben eben gesagt, dass sie dringend ein Weilchen sitzen müssen, und ich brauche eine Tasse Kaffee." *(Wünsche der Erwachsenen klar geäußert.)*

„Deshalb will ich, dass wir hier etwas trinken, uns kurz ausruhen und du eine halbe Stunde sitzen bleibst. Ich kann die Bedienung fragen, ob sie dir Papier und Stifte bringen kann. Soll ich das machen? Danach können wir gucken, ob es irgendwo ein Eis gibt."

Wenn Kinder über längere Zeit verlässlich erleben, dass man ihre Bedürfnisse zwar nicht immer erfüllt, aber ernst nimmt, maulen sie in der Regel weniger, als wenn man erst alles abbügelt und sich dann doch „weich-meckern" lässt.

Und wenn sie maulen, weil wir natürlich nicht immer alle Wünsche berücksichtigen können und wollen, sage ich schon mal: „Wer etwas fragt, muss auch mit einem ‚Nein' leben können."

Ich verwette meinen Crêpe darauf, dass es so viel leichter gewesen wäre. Das Verhalten der Mutter am Nebentisch in Perpignan war weder falsch noch schlimm. Auch wird das Mädchen deshalb kein Kindheitstrauma davontragen. Mir fällt nur auf, dass viele Familien es sich unnötig schwer machen und dadurch permanent eine schlechte Stimmung herrscht.

Tipps

 Vermeiden Sie Moralpredigten. Hören Sie den Kindern zu und sprechen immer persönlich mit ihnen.

 Äußern Sie klar eigene Bedürfnisse als Erwachsene.

 Seien Sie sich bewusst, dass „gutes Benehmen" oder „artig sein" für kleine Kinder abstrakte Begriffe sind, die sie nicht mit Inhalt füllen können. Wenn jemand ihnen sagt, sie seien nicht artig oder lieb, fühlen sie sich als Person schlecht.

 Für die Stimmung in der Familie sind die Erwachsenen zu 100 Prozent verantwortlich.

Chatten unter Omas Kaffeetafel

In Schule und Familie verwischen schnell die feinen Unterschiede zwischen einem Befehl und einer Regel. Meistens wird den Kindern und Jugendlichen **befohlen**, und dann wundert man sich, „dass sie sich nicht an die **Regeln** halten".

Ich habe übrigens nichts gegen Befehle. Besonders kleine Kinder brauchen den Halt einer klaren Führung. Aber spätestens wenn mein Kind zehn oder elf Jahre alt ist, sollte ich Vereinbarungen mit ihm treffen, die wir gemeinsam ausgehandelt haben.

Ein Beispiel: In den Ferien werde ich mit den Kindern für einige Tage zu den Großeltern reisen, die knapp vier Autostunden von uns entfernt wohnen. Mir ist es wichtig, dass wir eine intensive Zeit miteinander verbringen.

Variante 1: Ich lasse die Reise auf mich zukommen. Kaum sind wir dort angekommen, bin ich genervt, weil die Kinder mit iPod und Handy verstöpselt im Wohnzimmer herumhängen, während ich mit meinen Eltern am Kaffeetisch sitze. Oder noch schlimmer: Sie sitzen körperlich vor dem Kuchen, sind aber geistig bei Facebook oder treiben sich in virtuellen Spielwelten herum.

Ich meckere, schimpfe, erteile Befehle. Die Geräte werden widerwillig weggelegt, die Stimmung ist gereizt.

Variante 2: Ich setze mich mit den Kindern zusammen, **bevor** ich die Reise plane. Ich sage ihnen, dass wir zu Oma und Opa fahren und dass ich für unseren Aufenthalt eine Regel aufstellen möchte. Mein Vorschlag lautet: iPod und Handy bleiben zu Hause, weil ich mir wünsche, dass wir mit Oma und Opa eine intensive Zeit erleben.

Dieses Gespräch hat stattgefunden und verlief so: Die Kinder wollten auch eine intensive Zeit mit Oma und Opa, nannten aber ihrerseits Bedingungen. Kronprinz wollte unter diesen Umständen nach drei Tagen zurück, weil er nicht länger auf Facebook fehlen könne. Prinzessin wollte ihren iPod mitnehmen, aber nur während der Autofahrt benutzen, danach könne ich ihn einkassieren. Ich schlug vor, dass ich stattdessen eine neue Drei-Fragezeichen-CD besorge. Die reiche gerade mal bis zum Maschener Kreuz, wandte Kronprinz ein.

Einigung: Bei der Autofahrt sind iPod und Handy erlaubt. Danach nehme ich sie unter Verschluss und wir haben medienfreie Zeit mit Oma und Opa.

Das Verrückte ist ja, dass Kinder Regeln lieben. Wenn wir welche vereinbart haben, sind es meistens die Kinder, die auf ihre Einhaltung pochen. Sogar dann, wenn es zu ihrem Nachteil ist.

Man muss sich zwar die Mühe machen, sich zusammenzusetzen, Kompromisse auszuhandeln und die Ergebnisse festzuhalten. Ich erlebe aber immer wieder, dass sich diese Anstrengung lohnt und wir dank der Regeln eine gute Zeit miteinander haben.

Der wichtigste Punkt ist, die Meinung der Kinder (je älter, desto mehr) zu hören, ernst zu nehmen und nicht ohne ihre Zustimmung zu agieren.

Unsere Zeit bei Oma und Opa war übrigens sehr schön. Die Absprachen haben funktioniert, die Stimmung war gut. Kronprinz hat einen alten Schallplattenspieler auf dem Dachboden entdeckt und mit Opa daran herumgebastelt. Prinzessin hat mit Oma gespielt und fast ein ganzes Buch gelesen. Das ist erwähnenswert, weil sie zu dem Zeitpunkt eine Phase durchlebte, in der sie gar nicht gelesen hat. Zum Austoben zwischendurch sind wir auf eine begrünte Kohlenhalde (meine Eltern leben im Ruhrgebiet) geklettert und haben die Aussicht genossen.

Tipps

 Wenn Sie eine Reise oder einen großen Ausflug planen oder für mehrere Tage Besuch bekommen, überlegen Sie sich vorher, welches Verhalten Sie sich von den Kindern wünschen und treffen Sie gemeinsame Vereinbarungen.

 Mit solchen Vorbesprechungen sollten Sie beginnen, wenn Ihre Kinder etwa zehn Jahre alt sind. Kleinere Kinder sind damit überfordert.

 Sie werden sehen, dass es schon Wirkung zeigt, wenn Sie über die Erwartungen und Absichten sprechen, die alle mit einem Ereignis verbinden: „Intensive Zeit mit Oma und Opa verbringen", „zusammen Spaß haben, sich aber auch mal zurückziehen können", „etwas Neues kennenlernen", „sich entspannen von der Schule" …

 Wenn Sie es den Kindern erlauben, Bedingungen zu stellen und mit ihnen aushandeln, welche erfüllbar sind (zum Beispiel: „Ich will aber während der Autofahrt Nintendo spielen dürfen" oder „Ich will nach dem Abendbrot mit meinen Freunden chatten dürfen"), werden Sie vereinbarte Regeln leicht durchsetzen können.

 Der Satz „Regeln gelten nur, wenn alle zugestimmt haben, sonst sind es Befehle"[13] ist Gold wert, besonders in den Zeiten der Pubertät.

„Fröhlich sei das Abendessen ..."

Der kleine Neophobiker

Es ist passiert. Nach Jahren. Ganz unverhofft. Als Prinzessin 13 Jahre alt war, hat sie zum ersten Mal eine Scheibe Vollkornbrot gegessen. Einfach so. Ohne Druck, ohne Vortrag über Ballaststoffe. Nach mehr als einem Jahrzehnt mit Toast und knautschigem Kartoffelbrot. Wurden sonst aus dem Weißbrot noch die Sesamkörner herausgepult, schluckte sie diesmal ganze Sonnenblumenkerne. Sie sagte nichts. Ich sagte nichts, konzentrierte mich nur darauf, dass mir die Augen nicht aus dem Kopf fielen.

In solchen Momenten bin ich sehr froh. Froh, dass es geklappt hat mit dem Lockerbleiben, froh, dass nicht Tod und Verderben eingetreten sind, weil ich die meiste Zeit keinen Druck beim Essen aufgebaut habe. Das sind mir die allerliebsten Erziehungsmethoden, die sich zusammensetzen aus Gelassenheit und Respekt, gepaart mit liebevoller Nähe und Interesse.

Die Sache mit dem Vollkornbrot ist deshalb so spektakulär, weil diese vor Körnern strotzende Scheibe das Ende von Prinzessins Neophobie markiert. Neophobie ist die Angst vor etwas Neuem. Ich gebe zu, dass wir damit spät dran sind. Mit dem Neophobie-Ende. Der Kinderarzt und Entwicklungsforscher Herbert Renz-Polster erklärt, dass bei allen Kindern rund um den Globus die Angst vor unbekannten Nahrungsmitteln etwa mit 18 Monaten einsetzt und zwischen acht und zwölf Jahren wieder nachlässt.[14]

Lassen Sie sich nicht aus dem Konzept bringen von der Mutter, die beim Caffè Latte erwähnt, dass ihre Tilda-Sophie schon Oliven lutscht. Kleine Babys schlucken fast alles, was ihnen die Mutter reicht, Brust, Flaschennahrung, was auch immer. Denn sie wissen evolutionsbedingt, dass sie als Nesthocker nur überleben, wenn sie verzehren, was die Eltern bringen. Wenn Kleinkinder allerdings laufen lernen und immer selbstständiger in Wald und Flur, Küche und Kita herumrennen, schützt sie die angeborene Abneigung gegen Grünes, Bitteres und Saures davor, etwas zu essen, was ihnen nicht bekommt.

„Ein vorbehaltlos von Gemüse, Früchten und Beeren begeistertes Kleinkind wäre zu 99 Prozent unserer Geschichte bald ein totes Kind gewesen!", schreibt Renz-Polster.[15]

Es kann sein, dass Ihre Kinder beim Essen überhaupt keine Probleme machen. Dann können Sie sich zurücklehnen und das nächste Kapitel aufschlagen. Aber die, die sich damit herumschlagen, dass ihr Kind Brokkoli, Rosenkohl und Erbsen für Teufelszeug hält, denen sei gesagt, dass es völlig gesund und sehr evolutionsbewusst ist. Im späten Kleinkind- und Kindergartenalter erreicht die Neophobie gern ihren Höhepunkt, besonders bei ängstlichen und schüchternen Kindern. Doch trotz Neophobie gibt es Möglichkeiten, Kinder an gesundes Essen heranzuführen.

Tipps

 Wichtig sind Vorbilder und Gewöhnung. Es gibt das Phänomen, dass Kindern die Sachen deshalb schmecken, weil sie immer wieder davon gegessen haben.

 Experimente zeigen, dass Kleinkinder Nahrungsmittel schließlich annehmen, wenn sie ihnen an aufeinanderfolgenden Tagen noch etwa zehn weitere Male angeboten werden. (Also, wenn Ihnen das sehr wichtig ist mit dem Spinat …)

Nicht anfangen, für Tilda-Sophie ein Extra-Essen zu kochen. Mal eine Lieblingsspeise, klar, und bei uns gab es neben Vollkornbrot meistens auch eines ohne Körner. Aber gewöhnen Sie sich nicht an, immer zusätzlich ein Spezial-Essen für den kleinen Neophobiker zu kochen. So ziehen Sie keine selbstbewussten Kinder, sondern Aufmerksamkeits-Junkies heran, die glauben, das Leben hinge für sie voller Extrawürste.

 Kein Zwang, kein Druck, bleiben Sie locker und vor allem freundlich. Studien bestätigen, dass Ein- bis Vierjährige eine neue Speise doppelt so häufig probieren, wenn ein freundlicher Erwachsener davon zuerst nimmt.

 Laden Sie die etwas älteren Cousins oder Cousinen Ihrer Kinder ein oder verbringen Sie Zeit mit befreundeten Familien, deren Kinder gute Esser sind. Denn: „Jeder weiß", so der Entwicklungsforscher Renz-Polster, „dass kleine Kinder den etwas älteren Kindern ins Meer folgen würden – sie werden auch das essen, was diese essen."[15]

 Seien Sie ein freundlicher Erwachsener, der vor der Nase der Kinder gutes Essen genießt.

Viehtrieb und Familienessen

Wenn Sie keine Lust mehr haben, jeden Tag neues Essen heranzuschleppen, sollten Sie sich das Ergebnis von Studien der Kinderärztin Marla Eisenberg an den Kühlschrank hängen: „Kinder und Jugendliche, die mindestens siebenmal in der Woche mit der Familie zusammen essen, haben auffallend bessere Schulnoten als die, die das nur zweimal oder seltener tun. Außerdem weisen sie ein niedrigeres Drogenrisiko auf, leiden weniger an Essstörungen und besitzen eine deutlich bessere Allgemeinverfassung."[17]

Es würde mich nicht wundern, wenn die Familienesser später auch noch glücklichere Ehen führen, ihr Risiko für Darmkrebs niedriger ist und sie durchschnittlich häufiger zur Kommunalwahl gehen als die, die eine Allein-Esser-Kindheit hatten.

Und wenn ich mal keine Lust habe, wieder für ein Essen zu sorgen, denke ich an die Erkenntnisse der Kinderärztin oder an eine Szene aus dem Film „Der Pferdeflüsterer". Dort sitzt die ganze Verwandtschaft von Tom Booker, dem Pferdeflüsterer (gespielt von Robert Redford), an einer langen Tafel draußen auf der Farm und feiert das Ende des Viehtriebs. Alle sind glücklich erschöpft von der Arbeit und genießen ein herrliches Barbecue unter einem alten Baum.

Leckeres Essen, Familie, Freunde, Lachen, Grillenzirpen … Braucht es mehr zum Glück?

Nun reichen unsere zwei Katzen nicht für einen Viehtrieb. Und wenn ich den Kater einfangen und ihm das Brandzeichen unserer kleinen Doppelhaus-Gemarkung zischend auf den Hintern drücken würde, würde Prinzessin nicht nur das anschließende Barbecue, sondern die Familienessen des nächsten Jahrzehnts boykottieren.

Auch ohne Viehtrieb habe ich mir Farm-Feeling ins Haus geholt: eine große Glocke aus Gusseisen. Ich habe sie unten an die Wand zum Treppenaufgang geschraubt und jedes Mal, wenn das Essen fertig war, kräftig geläutet. Ich habe kurz die Augen geschlossen und sah im Geiste alle aus den Stallungen und von den Feldern herbeirennen. Und als meine Lieben vor der dampfenden Suppe saßen, habe ich den Brotlaib an den Busen gepresst und für jeden eine dicke Schnitte abgeschnitten.

Nun habe ich so viel Oberweite, dass jedes Brot an meinen Rippen hart aufschlagen würde. Unsere Stallungen bestehen aus einem kleinen Gartenhaus für vier Drahtesel. Und das Geläut sorgte nicht für das Herbeirennen einer Großfamilie, sondern nur für Tinnitus bei zwei Großstadtkindern. Aber das Feeling …

Eines Mittags habe ich so heftig geläutet, dass die Verankerung aus der Wand gerissen ist und die Glocke eine tiefe Kerbe in eine Holzstufe geschlagen hat. Seither bimmele ich mit einem kleinen Glöckchen.

Tipps

 Überlegen Sie, ob Sie wenigstens eine gemeinsame Familienmahlzeit pro Tag einrichten können und welche Mahlzeit sich dafür am besten eignet.

 Es sollte in Ihrer Wohnung einen einigermaßen gro-ßen Tisch geben, der immer frei gehalten wird (keine Ablage für unerledigte Post, Prospekte, nicht aufge-räumte Schulsachen!). Dieser Tisch – gern mit einer Blume und einer Kerze versehen – wird automatisch mit der Zeit zum Familientreffpunkt werden.

 Hat man eine Glocke oder einen Gong, kann man Signale vereinbaren: 1x läuten = Bald gibt es Essen (schon mal den Computer runterfahren), 3x läuten = Jetzt steht das Essen auf dem Tisch. So bekommt die Familienmahlzeit etwas Rituelles. Und Kinder lieben Rituale.

 Seien Sie gastfreundlich! Wenn Sie immer Äpfel, Kekse oder Knäckebrot und einen Brotaufstrich im Haus haben, kann man Besucherkinder schnell zu einer kleinen Mahlzeit einladen.

Spargel mit Vernunftsoße

Gestern stand ich vor dem Spargel an unserem Markt-stand. „Ich bin ja die einzige bei uns, die Spargel mag." Ich seufzte in den Berg mit den sahneweißen Stangen. Meine Tochter isst auch keinen Spargel", sagte die Marktfrau. „Wirklich schade." Sie nahm ein paar Stangen in die Hand und knirschte damit herum. „Und Spargel soll ja den Kör-per entgiften, habe ich in einer Talkshow gehört." – „Ja, das kann nur Spargel."

Ich fasste einen Entschluss. Sollen andere ihre Familie vergiften, ich werde sie entgiften.

„Wenn Sie die Stangen schälen und schräg in dünne Stücke schneiden", sagte die Marktfrau, „und mit einer Handvoll Petersilie in Olivenöl in der Pfanne dünsten, Sahne darüber kippen und über Farfalle-Nudeln gießen, mag das jeder." – „Wirklich?" – „Ja, hinter den Schleifchennudeln sieht keiner den Spargel." – „Aber der Geschmack?" – „Wird von der Petersilie überdeckt." – „Sie meinen, damit kriege ich sie?" – „Damit kriegen Sie sie."

Marktfrau, give me five!

Jetzt war ich so eine Frau aus der Lifestyle-Zeitschrift. Spargelköpfe lugten aus meinem Weidenkorb am Fahrrad, mein Rock und die glatte Petersilie flatterten im Wind. „Seht her, ihr Tütensuppen-Mamis, in dieser Familie wird frisch gekocht, mit Ökostrom geheizt, Regenwasser gesammelt und mit Spargel entgiftet. In dieser Familie zerreiben die Kinder Küchenkräuter zwischen ihren kleinen Fingern und saugen das Aroma ein von Kerbel, Liebstöckel, Minze, Pe-tersilie. Diese Familie hat zwar kein Segelboot, aber wenn sie tagelang mit dem Tretboot auf der Alster unterwegs ist, be-kommt keiner, wirklich keiner aus der Besatzung Skorbut."

Meine Kinder haben von klein auf Angst vor Skorbut, weil ich ihnen eingetrichtert habe, dass einem dabei auf einen Schlag das ganze Gebiss aus dem Mund fällt und dass das die einzige Form von Zahnverlust ist, auf den die Zahnfee nicht reagiert – weil selbst verschuldet durch Vitamin-Boykott.

Zu Hause gab ich meiner Teflonpfanne das Gefühl, sie sei aus Kupfer und tue ihren Dienst in einer weitläufigen Landhausküche. Ich goss den Ökotest-Sieger Olivenöl hinein, schubste die Spargelstückchen in das spritzende Öl, schüttelte das Wasser aus der Petersilie. Dass ich nur noch H-Sahne hatte, sorgte für einen kleinen Einbruch meines Lifestyle-Feelings. Lässig warf ich provenzalisches Meersalz in die Pfanne. Bin ich Sarah Wiener oder bin ich Sarah Wiener?

Kurz bevor ich das Nudelwasser abgoss, fasste ich einen Vorsatz: Ich werde die Kinder beim Essen zu nichts überreden. Kein Referat über den Vitamin-C-Gehalt von Petersilie, kein „Probier doch wenigstens mal", keine Erpressung mit „Eis zum Nachtisch", kein Wort vom Entgiften.

Als Prinzessin elf Jahre alt war, verbrachte sie eine Woche auf einem Ponyhof. Dort wurden die Kinder verpflichtet, jedes Essen zu probieren. Was für eine blöde Regel! Da verkümmern einem doch die Geschmacksknospen. Ich möchte nur von einem Fall hören, in dem ein Kind nach dem Probelöffel gerufen hat: „Mmmmh, du hast recht, Mama, Papa, Oma, Ponyhofköchin …, es schmeckt ja doch ganz gut. Da habe ich alter Trotzkopf mich aber gründlich getäuscht." Nennt mir einen Fall, nur einen einzigen, und ich esse Zitronat (brrrr, würg …). Eines Mittags gab es auf dem Ponyhof Sauerkraut. Prinzessin hat sich den Probierlöffel reingestopft und es damit gerade noch bis zur Toilette geschafft.

Zurück in meine kleine Landhausküche. Ich verteilte die Teller, stellte ein Schüsselchen mit Parmesan, eine Flasche Ketchup und Butter auf den Tisch. Für den höchst unwahrscheinlichen Fall, dass jemand nur Nudeln und keine Spargel-Petersilien-Sahne-Pfanne mochte, war ich gerüstet. Zu meinem Lifestyle-Gefühl gesellte sich eine Stimmung der Toleranz und Menschenfreundlichkeit. Die petersiliengesprenkelte Sahne in der Pfanne schäumte mit meiner Lebensfreude um die Wette. Das musste die Kinder doch mitreißen.

Ich mache es kurz. Prinzessin lehnte meine Kreation ab, nahm Ketchup. Kronprinz kostete Spargelpfanne in homöopathischer Dosis und verlangte einen neuen Teller. Ich aß die ganze Spargelpfanne allein. Mensch, bin ich entgiftet.

Tipps

 Ermuntern Sie Ihre Kinder zum Probieren, aber zwingen Sie sie nicht dazu.

 Nehmen Sie sich Zeit, um mit den Kindern zusammen zu kochen, lassen Sie sie von klein auf in der Küche helfen.

 Fragen Sie alle Familienmitglieder von Zeit zu Zeit, was sie essen möchten. Wer seine Wünsche gelegentlich erfüllt bekommt, isst auch bereitwilliger, was die anderen sich gewünscht haben.

 Kochen Sie selbst mit Freude und genießen Sie gutes Essen. Geben Sie nur nicht auf. Das Vorbild wirkt auf Dauer stärker als alles Reden.

 Apropos reden. Von Maria und Stephan Craemer stammt der Satz: „Kinder würden mehr Gemüse essen, wenn es nicht mit moralischer Vernunftsoße serviert würde."[18]

Morgenröte

Morgens 7:30 Uhr in Deutschland. Poltern auf der Treppe. Ein hünenhafter Teenager erscheint im Esszimmer, setzt sich an den Tisch, nimmt eine Brotscheibe aus dem Korb, streicht Frischkäse und Marmelade darauf.

Sohn: „Ich habe festgestellt, dass es mir besser geht, wenn ich etwas frühstücke."

Mutter: „Ach."

Er nimmt sich einen Apfelschnitz, trinkt ein Glas Orangensaft.

Sohn: „Ich werde demnächst etwas früher aufstehen, mir ein Sandwich machen mit Salat, Käse und Schinken und es mit in die Schule nehmen."

Mutter: „Ach."

Sohn: „Es ist mir einfach zu teuer, mir jeden Mittag einen Döner zu kaufen."

Mutter: „Ach."

Sohn: „Kannst du knackigen Salat, Schinken und Brötchen für mich beim Einkaufen mitbringen?"

Mutter: „Ach, … äh, ich meine, ja."

Sohn: „Gut, tschüss dann."

Es dämmerte.

Draußen und in meinem Kopf. Hatte ich eine Erscheinung? Seit Monaten hatte Kronprinz (zu dem Zeitpunkt 15) vor der Schule nichts gefrühstückt. Jeden Morgen stellte ich einen Teller an seinen Platz und jeden Morgen räumte ich ihn unbenutzt wieder ab. Anfangs hatte ich gefragt, ob er wirklich nichts essen wollte, hatte mich erkundigt, ob er vielleicht lieber Müsli möchte statt Brot. Aber ich hatte nie gedrängt oder geschimpft geschweige denn ihn gezwungen etwas zu essen oder ein Frühstücksbrot mitzunehmen.

Und jetzt das.

Wir haben eine gute Zeit mit unseren Kindern. Und meine größte Passion ist es herauszufinden, wie es dazu gekommen ist und andere Familien davon profitieren zu lassen. In guten wie in schlechten Zeiten.

Beim Laubfegen gestern habe ich darüber nachgedacht, was meine pädagogischen Schlüsselerkenntnisse sind. Ich musste den Rechen nicht lange durch die Blätter ziehen, da fiel mir dieser Satz ein: Unterstützen statt erziehen.

Ich verdanke dieses Motto dem Buch „Kinder der Morgenröte"[19] von Hubertus von Schoenebeck. An einem Samstag im Frühjahr 2008 habe ich dieses Buch morgens im Bett gelesen. Und es hat mich wie ein Blitz getroffen. Ich weiß noch, wie ich kurz darauf in den Getränkemarkt fuhr und selig lächelnd Flaschen in den Leergutautomaten schob.

Von Schoenebeck schreibt, dass jede Erziehung – ob autoritär oder antiautoritär, ob Waldorf- oder Montessori, ob laisser-faire oder demokratisch – immer die Botschaft für das Kind enthalte: Du musst erst noch ein richtiger Mensch werden, dir muss ich etwas beibringen, du kannst vieles noch nicht tun oder entscheiden, du bist nicht alt genug, nicht groß genug und – im Kern – du bist nicht ausreichend, so wie du bist. Erziehung könne noch so partnerschaftlich daherkommen, mit Augenhöhe und so einem Gesülze. Letztendlich seien sich die meisten Eltern aber sicher, sie wüssten besser, was gut ist für das Kind. Schließlich hatten ihre Eltern sie ebenso behandelt, das gibt man einfach weiter.[20]

Wenn man es schafft, sich nicht immer einzumischen und auch seine halbwüchsigen Kinder in einem fort zu belehren, kann es passieren, dass man beschenkt wird mit einem Teenager, der sich plötzlich aus eigenem Antrieb wieder ein gesundes Frühstück macht.

Fragen Sie sich regelmäßig: Warum will ich in einer Situation eingreifen?

Variante 1: Will ich eine Grenze ziehen für mich selbst („Wenn du noch einmal mit deinen Freundinnen mein Rouge benutzt, bekomme ich 20 Euro von dir.")? Das ist völlig okay und darf auch gern klar formuliert sein.

Variante 2: Bin ich in pädagogischer Mission unterwegs („Im Grunde brauche ich das Rouge sowieso nicht mehr, aber sie soll lernen, fremdes Eigentum zu respektieren.")? Dies ist Gift für die Beziehung zum Kind. Kein sofort tödliches, aber eines, das Tröpfchen für Tröpfchen unser Miteinander vergiftet.

 Wenn ich die Grenzen meines Kindes überschreite (viel Zwang, Demütigungen, Herumkommandieren, Nicht-Respektieren seiner Bedürfnisse …), kann ich sicher sein, dass dieses Kind spätestens in der Pubertät **meine** Grenzen überschreiten wird.

Seitdem ich glückstrunken vor dem Leergutautomaten stand, habe ich diesen Ansatz nie vergessen. Es gelingt uns nicht immer, das umzusetzen. Wir haben auch Konflikte, aber sie erschüttern uns nicht in den Grundfesten der Beziehung zueinander.

Reifen dürfen

Der eingebaute Entwicklungsmotor

Auf meinem Bilderbord stehen fünf Narzissen, jede einzeln in einem Gläschen. Ich habe sie zusammen in einem Bund gekauft und am gleichen Tag in die Wassergläser gestellt. Trotzdem ist eine schon erblüht, eine leicht geöffnet und die anderen drei noch ganz geschlossen. Als ich das sah, wurde mir klar, welche große Rolle Reifungsprozesse bei Blumen wie bei Kindern spielen.

In meiner weitläufigen Verwandtschaft gibt es einen Vierjährigen, der schon lesen kann, aber noch nicht trocken ist. Prinzessin hat sich das Schleifebinden selbst beigebracht, als sie noch nicht einmal vier war. Zum Malen aber war sie kaum zu bewegen. Von Kronprinz haben wir ganze Kartons voller Zeichnungen, voller selbst gebauter Flugzeuge und wunderschöner Geschichten. Aber Dinge wie aufräumen, früh einschlafen, am-Tisch-sitzen-bleiben waren ihm kaum beizubringen.

Kinder haben einen eingebauten Entwicklungsmotor. Und da gibt es keine Serienanfertigung. Jedes Kind ist ein unverwechselbares Einzelstück. Wir Erwachsenen können uns darauf beschränken, für bunte Möglichkeiten in ihrem Leben zu sorgen. Die Kinder nehmen sich, was sie in bestimmten Phasen ihrer Reifung brauchen.

Mit Radfahrtraining wollten mein Mann und ich bei Prinzessin ähnlich verfahren wie bei ihrem Bruder. Man nehme ein kleines Fahrrad, einen Gürtel und eine ruhige Sackgasse. Man setze das Kind auf den Sattel, schlinge ihm den Gürtel locker um den Bauch, rede ihm gut zu und die erste wackelige Fahrt beginnt.

Nicht so bei Prinzessin. Sie war nicht dazu zu bewegen, an unserem Trainingsprogramm teilzunehmen. Wenige

Wochen später beobachtete ich Prinzessin in unserem Garten. Sie hatte sich das kleine Fahrrad auf den Rasen geschoben und klemmte Spielsachen auf den Gepäckträger. Sie war ganz versunken darin, das Rad mit Dingen zu beladen und wieder zu entladen. Zwischendurch stieg sie selbst auf und wieder ab. Und am Abend setzte sie sich auf den Sattel und fuhr einfach los.

Zurück zu meiner kleinen Narzissenklasse im Wohnzimmer. Die fünf Blumenkinder wurden in der gleichen Stunde in Wasser eingeschult. Auch die Zuwendung der Sonne war auf alle gleich verteilt. Und trotzdem zeigten sich diese Unterschiede.

Der Schweizer Remo H. Largo, Kinderarzt und Spezialist für die Entwicklung von Kindern, hat in Untersuchungen festgestellt, dass es innerhalb einer Klasse Reifungsunterschiede von bis zu drei Jahren gibt.[21] Zum Beispiel kann der siebenjährige Tom schon rechnen wie ein Achtjähriger, während Lasse, ebenfalls sieben, das Zahlenverständnis eines Fünfjährigen hat. Dafür schießt Lasse Tore wie Gerd Müller, während Tom kaum einen Ball trifft.

Das sollten wir uns klar machen, wir Eltern, die unter der furchtbaren Krankheit „Vergleicheritis" leiden, und uns die Narzissen nach drei Tagen anschauen. Dann stehen sie alle in voller Blüte.

Tipps

 Halten Sie sich immer die Individualität von Kindern vor Augen und machen Sie sich nicht gleich Sorgen, wenn der eigene Nachwuchs mal etwas nicht beherrscht, was andere in dem Alter schon können.

 Suchen Sie sich einen netten Kinderarzt für die U-Untersuchungen, in denen festgestellt wird, ob sich das Kind altersgemäß entwickelt. Der Arzt erklärt, welche Verzögerung noch im Rahmen ist und welche nicht.

 Gewöhnen Sie sich nicht diesen Defizit-Blick auf das Kind an. Achten Sie nicht immer darauf, was noch nicht geht, sondern sehen Sie es als das vollständige und wunderbare Wesen, das es ist.

 Seien Sie mit Förderkursen oder Therapien zurückhaltend. Kinder bekommen schnell das Gefühl, mit ihnen stimme etwas nicht. Überlegen Sie lieber, ob Sie selbst mehr Zeit mit dem Kind verbringen, ihm mehr Bewegung und Spielmöglichkeiten draußen verschaffen können.

 Bieten Sie Kindern eine bunte Welt. Es müssen keine Kurse und es muss nicht teuer sein. Es geht mehr um viele Möglichkeiten zu toben, mit anderen Kindern zu spielen, in der Natur zu sein, Tiere zu erleben, Feste zu feiern, vorgelesen zu bekommen, Musik zu hören, zu tanzen, zu basteln, zu backen, im Sand zu matschen …

Das Kann-Kind

Der Kronprinz war ein „Kann-Kind". Nicht nur ein Kind, das in den Augen seiner verliebten und deshalb unzurechnungsfähigen Eltern alles kann, sondern auch im Oktober geboren ist und aus diesem Grund im Alter von fünf Jahren eingeschult werden „konnte".

Wie alle Eltern fanden und finden wir unseren Kronprinzen ganz besonders begabt und waren fest davon überzeugt, dass sich dieses Kind nicht länger mit dem Babykram im Kindergarten herumschlagen und früher eingeschult werden sollte. Der Leiter der Grundschule ließ den Prinzen ein Bild malen und befand ihn nach wenigen Strichen für schulreif, was wohl auch damit zusammenhing, dass der Mann Argumente brauchte für die Schulerweiterung von zwei- auf dreizügig. Später erfuhren wir, dass er jeden Fünfjährigen für schulreif erklärte, der ihm unter die Buntstifte kam. Aber wir waren so gebauchpinselt (siehe elterliche Unzurechnungsfähigkeit), dass wir den Rektor für scharfsinnig hielten.

Bei der Einschulungsfeier stand der kleine Prinz mit seiner Schultüte auf der Bühne und sah aus wie ein Gulliver, der für einen Riesen die Eiswaffel hält.

Die Schule begann. Unser Sohn bekam eine Lehrerin, deren Methoden uns an eine Kaderschmiede östlicher Prägung erinnerten. Kaum hatten die Kinder die ersten Buchstaben gelernt, veranstaltete die Lehrerin Lesewettbewerbe. Jungen und Mädchen mussten nach vorne kommen und Wörter lesen. Und die, die schon vor Beginn der Schule lesen konnten, wurden mit Medaillen in Gold, Silber oder Bronze dekoriert. Lesen für Olympia. Der Kronprinz bekam Albträume, wachte nachts schreiend auf, malte Bilder von Hexen, die stark nach „Madame Lesewettbewerb" aussahen.

Ich versuchte, ihm mit Üben zu helfen. Klebte ein großes „L" an die Lllllllampe, ein „K" ans Kkkkkkklavier und ein „P" an den Pppppapa, dachte mir eine Buchstaben-Schnitzeljagd aus, versteckte „Wort-Schätze" im Garten und „Silben-Salat" im Heizungskeller. Ich war zwar verzweifelt, aber auch ganz in meinem Element. Das Üben half jedoch nichts. Der kleine Prinz, der schon im Alter von drei Jahren elegant den Konjunktiv einsetzte, wollte weder Lesen noch Schreiben lernen.

Nach nur zweieinhalb Monaten nahmen wir ihn von der Schule. In den alten Kindergarten konnte er aus Platzgründen nicht zurück, eine nahe gelegene Vorschule war auch voll. Mit Mühe fanden wir noch einmal einen Kindergartenplatz für unseren „Großen". Das Schönste in dieser Zeit war der Moment, als wir beide seine Bilder von „Madame Lesewettbewerb" in den Feuerkorb auf der Terrasse steckten und sie verbrannten. Danach ging es uns besser.

Ein Jahr später wurde er in der benachbarten Grundschule eingeschult und bekam eine mütterlich-liebevolle Lehrerin. Seit diesem Neustart ging er gern zur Schule. Lesen, Schreiben, Rechnen war kein Problem mehr.

Und war dieser verpatzte Start Fluch oder Segen? Heute sagen wir, dass es ein Segen war. Hätte er nicht diese Drill-Dame bekommen, hätten wir ihn nicht um ein Jahr zurückgenommen. Dann hätte er sich weiter durchbeißen müssen und die Qual wäre mitgewachsen bis zum Schulabschluss.

„In eigenen Untersuchungen zur Frage, ob Kinder mit fünf Jahren schon schulreif sind, haben wir in großer Breite festgestellt, dass die intellektuelle Reife oft schon da ist, nicht aber die soziale Reife, um im System Schule zu überleben", schreibt der Pädagoge Hans-Dietrich Raapke.[22] Abgesehen davon, dass die wenigsten Menschen heute die soziale Reife im Blick haben, hat man als Eltern eines Fünfjährigen auch die Pubertät nicht auf dem Schirm. Man muss bedenken, dass die vorzeitig Eingeschulten als Jugendliche früher in Berührung kommen mit Themen wie „allein abends ausgehen", „Sexualität", „Alkohol" und „Rauchen", dass sie als die „Kleinen in der Klasse" unter den Druck geraten können, sich bei diesen Themen als cool zu beweisen. Daran denkt doch kein Mensch, wenn er aus Moosgummi die Raketen für die Schultüte ausschneidet. Es ist aber enorm wichtig.

Tipps

 Seien Sie immer vorsichtig damit, Kinder früh einzuschulen. Wenn man einmal im System Schule steckt, kommt man schwer wieder raus.

 Wenn man ein sogenanntes Kann-Kind hat, sollte man es von einer unabhängigen Institution testen lassen. Schulleiter haben manchmal ein Interesse daran, die Klassen voll zu bekommen und nicht wirklich das Kind im Blick.

 Ein IQ-Test allein bringt einen nicht weiter, weil er wenig aussagt über die soziale Reife. Ein erfahrener Lerntherapeut sollte spielerisch mit dem Kind ein paar Übungen machen, mindestens eine Stunde Zeit mit ihm verbringen und dann die Eltern beraten.

 Das Argument „Aber dann kommt er nicht mit seinem Freund Nick in die Schule" scheint vordergründig wichtig, ist es in dem Alter aber nicht. Mit sechs Jahren knüpfen Kinder innerhalb von ein oder zwei Tagen neue Freundschaften. Erst in der Pubertät sind die eigenen Freunde wirklich wichtig.

Jungs verstehen

Wenn ich unsere Regentonne sehe, muss ich immer daran denken, wie Kronprinz damit experimentiert hat, als er elf oder zwölf Jahre alt war. Am unteren Rand ist ein durchsichtiger Schlauch befestigt. Er ist nach oben gebogen und dort festgeklemmt. Am Schlauch kann man immer den aktuellen Wasserstand in der Tonne ablesen. Unser Sohn musste den Schlauch oben lösen und sehen, bei welchem Neigungswinkel das Wasser herausschießt. Häufig stand unsere halbe Einfahrt unter Wasser. An seinen brackigen Hosenbeinen war ebenfalls der Wasserstand in der Tonne ablesbar. Aber als in Physik das Gesetz von den kommunizierenden Röhren behandelt wurde, hatte er damit keine Schwierigkeiten.

„Jungen wollen die Welt durch ihr Handeln begreifen", schreibt die Lerntrainerin Vera F. Birkenbihl.[23]

Bei Mädchen gilt:
* sich auskennen
* dann damit experimentieren

Bei Jungen gilt:
* experimentieren
* sich dann damit auskennen

Dass Jungen nicht genug experimentieren können, ist einer von mehreren Gründen, warum Jungs im Durchschnitt mehr Schwierigkeiten in der Schule haben als Mädchen. Ich könnte Dutzende von Seiten mit den Erfahrungen von Eltern füllen, deren Söhne phasenweise in der Grundschule nicht zurechtkamen: „Unser Lasse kann sich einfach nicht konzentrieren." – „Stillsitzen ist für meinen Tim die Hölle." – „Im Ranzen von Paul sieht es aus, als wäre er ein tragbarer Mülleimer."

Ein weiterer Grund für die Schulschwierigkeiten von Jungs ist, dass sie sich dort nicht genug bewegen können. Bei Jungen beträgt der Anteil der Muskeln an der Körpermasse 40 Prozent, bei Mädchen sind es nur 24 Prozent. Besonders Jungen im Grundschulalter sind programmiert auf Bewegung. Tun sie es nicht, verkümmern ihre Muskeln.

Vera F. Birkenbihl nennt Jungs „Augentiere". Noch aus ihren Zeiten als Jäger seien sie auf Spurenlesen eingestellt und bis heute viel besser darin, Informationen aus Bildern aufzunehmen als zu hören.[24] Hier liegt der dritte Grund für Schulschwierigkeiten unserer Söhne. Mit Vorträgen können sie nicht viel anfangen. Sie bekommen nicht genug visuelles Futter. Die Erkenntnisse lassen sich auf folgenden Nenner bringen:

- **Männliche Körper wollen nicht stillsitzen.**
- **Männliche Hirne wollen nicht von vorne zugequatscht werden.**

Doch dies ist leider genau das, was in der Grundschule überwiegend passiert. Zudem sind Grundschulen so etwas wie ein weibliches Biotop. Die überwältigende Mehrheit der Lehrer sind immer noch Frauen. Und die können es schwer aushalten, wenn Jungen rangeln und raufen. Mühsam versuchen sie ihnen beizubringen, sich mit Worten auseinanderzusetzen. Aber das ist gegen die Natur kleiner Jungs. Von klein auf sortieren sie sich in Rangordnungen. Jedes Spiel – egal ob Brettspiel oder Dosenkicken – hat für sie nur den Zweck, ihren Platz in der Hierarchie der Jungen zu finden. Und wenn diese kleinen Männer in eine neue soziale Gruppe kommen, was ja der Fall ist, wenn sie eingeschult werden, hat das Kämpfen und Konkurrieren Hochkonjunktur.

Ich schreibe das nicht, weil ich alten Rollenklischees verhaftet bin, sondern stütze mich auf die Erkenntnisse von Louann Brizendine, Professorin für Neuropsychiatrie an der Universität von Kalifornien: „Jungen raufen und verprügeln sich mit dem größten Vergnügen; sie streiten sich um Spielzeug und versuchen, sich gegenseitig unterzukriegen. Solche Spiele treiben sie sechsmal häufiger als Mädchen."[25] Louann Brizendine zufolge reagiert das Gehirn bei Jungen in der ersten Schulklasse entzückt, wenn sie Stärke und Aggressionen zeigen können. „Noch besser ist, wenn körperliche Kraft mit Beleidigungen einhergeht. … Solche Spiele verschaffen ihrem Gehirn eine starke Wohlfühlbelohnung in Form eines Dopaminschubs."[26]

Wir Frauen machen gern verächtliche Bemerkungen über die kleinen wilden Jungs anderer Eltern: „Der gibt hier wohl das Alphamännchen." Dabei wird meist verkannt, dass dieses Verhalten tatsächlich in ihrem Gehirn angelegt ist.

Verbieten Sie den Jungen das Kämpfen nicht pauschal.

 Setzen Sie klare Regeln fest (zum Beispiel Boxen und Rangeln ist erlaubt, aber kein Treten; keine Schläge unter die Gürtellinie; der Kampf hört auf, wenn der Gegner am Boden liegt …).

 Ideal ist es, wenn ältere Jungs oder erwachsene Männer ihnen diese Regeln beibringen.

 Es kann helfen, wenn Jungen einen Kampfsport lernen, weil ihnen da gesunde Grenzen für den Körpereinsatz vermittelt werden.

 Jungen nicht „voll-texten". Sie werden noch schneller „Mama-taub" als die Mädchen. Jungen brauchen kurze und klare Anordnungen.

 Und sie mögen Hierarchien, deshalb muss sich auch Mama oder die Lehrerin klar positionieren, um einen Jungen zu erreichen.

 Suchen Sie nach Möglichkeit eine Lehrperson, die liebevoll ist und gleichzeitig den Jungen Struktur geben kann.

Wenn sich die Schule über Ihren Sohn beschwert, versuchen Sie erst einmal sachlich abzuklären, ob es genügend Verständnis für Jungen gibt. Bekommen sie ausreichend Gelegenheit, sich auszutoben? Können die Jungen Sachverhalte auch praktisch erfahren? Werden sie mit Feinmotorischem wie Schönschreiben gequält?

 Sorgen Sie als Eltern für jede Menge Bewegung: Tobe-Ecke in der Wohnung mit Softball, Jonglierbällen, Körbe zum Reinzielen; auf dem Balkon alten Baumstamm zum Nägel einschlagen; draußen Fußballtore, Bäume zum Klettern, ein bisschen Wildnis im Garten, Schaukel, Trampolin, Stelzen, Turnstange; zum Fortbewegen Laufrad, Bobbycar, Kettcar, Roller, Fahrrad, Skateboard, Waveboard, …

 Erlauben Sie Experimente: Wasserschlauch mit in die Sandkiste, Diabolo, alte Elektrogeräte, Kameras und Computer zum Auseinanderbauen. Lego-Grundbaukästen (wenn möglich keine Themenbausätze, weil diese die Fantasie zu sehr zügeln), Kapla-Steine (das sind schlichte Holzklötze verschiedenster Größe, aus denen sich alles machen lässt), für ältere Jungs Bausätze für Alarmanlagen und Tresore.

 Und für das „Augentier" im kleinen Mann reich illustrierte Bücher über alle möglichen Wissensgebiete ausleihen oder anschaffen.

Ein Klumpen Zutrauen

Ich habe ein Faible für ambitionierte Geschenke. Als Kronprinz in der dritten und vierten Klasse war, habe ich bei Kindergeburtstagen gern Modelliermasse verschenkt. Das macht nicht viel her, aber mit einem Spachtel dazu blieben wir knapp unter der Obergrenze von acht Euro, die ich für solche Geschenke angesetzt hatte.

Es ging aber nicht um das Geld, sondern um die Investition in das kreative Potenzial des beschenkten Kindes. So eine Packung Modelliermasse ist ein Klumpen Zutrauen. Zutrauen in Tom zum Beispiel, einen begabten Klassenkameraden des Kronprinzen. Ich sah Tom schon seine erste Ausstellung eröffnen und uns in seiner Ansprache dafür danken, dass wir mit Modelliermasse das Fundament seines lebenslangen Schaffens gelegt hatten. Und Kronprinz und ich stehen beiläufig in der Vernissage rum und prosten Toms Eltern zu.

Modelliermasse hielt alles offen. Mochten die anderen Mütter sich zusammentun und Fertigpackungen von Legomonstern kaufen, wir schenkten etwas, mit dem Tom seine Welt gestalten konnte. Sparschwein, Igel, Vogeltränke, Handgranate … Wenn die Gäste abgeholt waren, fegte Tom – dessen war ich mir sicher – mit einem Armstreich die Legomonster vom Tisch und fing an zu kneten und zu spachteln.

Leider hatte ich mir nicht aufgeschrieben, welche Kinder „Utas Stiftung zur Förderung der Modellierkunst von Grundschülern" schon beglückt hatte. Und so begab es sich, dass Kronprinz im Folgejahr von Toms Party zurückkehrte mit dem Hinweis, dass der Klotz vom Vorjahr noch unbearbeitet im Regal läge und Tom fragen ließe, ob er nicht etwas anderes haben dürfe. Der arme Tom. Er musste denken, wir wollten ihn einmauern mit den gräulichen Briketts aus dem Bastelladen. Nach diesem Rückschlag musste ich mich einem anderen Themenfeld zuwenden.

Meine neue Mission galt der Förderung der kindlichen Schreib- und Zeichenkunst. Ich begann bei meinen eigenen Kindern und schenkte ihnen Kladden aller Art: blanko, kariert, liniert. Daumengroß im Adventskalender, in DIN-A5 als Reisetagebuch für den Urlaub oder in DIN-A4 mit butterweichem Bleistift für hingeworfene Skizzen aller Art. Spitzwegs armer Poet im Dachstübchen bekam eine neue Variante: der kleine Poet im Kinderzimmer.

Ich malte mir aus, was sich aus ihren Seelen alles seinen Weg bahnen könnte in diese Hefte, sah sie im Garten unter dem Apfelbaum hocken, den Bleistift im Mund, die Gedanken verloren in den Wolken. Sie sollten schreiben und zeichnen, wo sie gehen und stehen. Sie sollten Schöpfer sein, nicht Konsumenten.

Es braucht Langmut für diesen Weg. Beim gemeinsamen Ausmisten im Kinderzimmer finde ich regelmäßig die schönsten Kladden: die erste Seite beschrieben, die weiteren vollgekritzelt mit Peace-Zeichen und Herzen, die aussehen wie knackige Hintern. Daneben die Initialen von Freundinnen in Kombination mit BFF (=Best friend forever). Die hinteren Seiten leer oder herausgerissen für ausgelutschte Kaugummis.

Ich gebe trotzdem nicht auf und werde den Thronfolgern immer Material zum Zeichnen und Schreiben bereithalten.

Stellen Sie Kindern bis zum Ende des Grundschulalters einen kleinen Tisch in Küche oder Wohnzimmer hin, auf dem immer Papier und Stifte liegen und nicht weggeräumt werden müssen.

 Lassen Sie einen Aufsatz des Kindes als kleines eigenes Buch beim Buchdrucker binden.

 Planen Sie an Regentagen Schönschreibestunde mit Musik und warmem Kakao: Schreiben Sie mit den Kindern ein schönes Gedicht oder einen kleinen Text ab und hören Sie dazu eine träumerische CD. Kämpfen Sie dabei mal nicht um Rechtschreibung oder Ausdruck, sondern genießen und illustrieren Sie gemeinsam einfach mal ein schönes Stück Text.[27]

 Falls Sie mit einem Kind für ein Diktat üben, lassen Sie es den Text mit Bleistift oder Tinte schreiben und markieren Sie die Fehler mit Klebepunkten. Dann kann das Kind die Fehler im Text korrigieren und ihn von den Punkten befreien. Einer nach dem anderen verschwindet wie die Wunschpunkte beim Sams und das Kind freut sich am Ende an dem makellosen Schriftstück.[28]

 Vorlesen, vorlesen, vorlesen. Das haben wir bis ins Teenageralter gemacht, weil es einfach so schön ist, zusammen im großen Bett zu liegen und Geschichten zu hören.

Die Schule leichter nehmen

Nicht mehr bei der Hausaufgaben-Polizei

Als Prinzessin zwölf war, haben wir ein Experiment gestartet und Folgendes vereinbart:

1. Sie darf jederzeit an den Computer oder an das iPad. Es sei denn, jemand anderes möchte daran.
2. Wir fragen sie nicht danach, ob sie die Hausaufgaben fertig hat.
3. Wir lassen sie ins Bett gehen, wann sie es möchte.

Ich habe ihr gesagt, dass ich keine Lust habe, noch länger die Polizistin zu spielen und zu kontrollieren, wie lange sie am Computer ist, ob das iPad unter der Bettdecke liegt, die Vokabeln gelernt, die Schulsachen gepackt sind.

Wir haben gesagt, dass wir von klein auf bei ihr beobachtet haben, dass sie alles, was sie wirklich will, erreichen kann. Schließlich hat sie sich selbst beigebracht, Schleifen zu binden und Fahrrad zu fahren.

Wir haben gesagt, dass sie uns fragen kann, wenn sie bei Schulaufgaben Hilfe braucht. Dann helfen wir. Allerdings nur bis 21 Uhr abends.

Prinzessin war erleichtert. Es ist ja auch ein Schock, wenn plötzlich beide Erziehungsberechtigten im Zimmer stehen und ein Gespräch wollen. Sie willigte freudig ein.

Immer wieder schreibe ich von Vertrauen und dass das die Kinder stärkt. Trotzdem wurde ich immer wieder rückfällig. Ich habe befürchtet, als zu weich zu gelten, als jemand, der verantwortungslos ist oder – für mich das Schlimmste – als jemand, der es sich zu leicht macht. Schluss damit!

Nach wenigen Tagen des Experiments „Neue Freiheit" konnte ich folgende Bilanz ziehen: Die Stimmung ist deutlich besser. Ich freue mich jetzt, wenn sie aus der Schule kommt. Sie geht für meinen Geschmack zu spät ins Bett (22:30 Uhr), steht aber ohne zu meckern um 6:30 Uhr auf. Sie gibt mehr eigenes Geld für Online-Spiele aus. Das sehe ich, weil die Abrechnung bei mir landet. Sie beginnt jetzt auch mal mit Hausaufgaben, die nicht für den anderen Tag sind. Ich höre sie den halben Tag singen. Sie bleibt nach den Mahlzeiten länger am Familientisch sitzen.

Wenig später schrieb ich in mein Tagebuch: „Am Montag hat sie mir beim Mittagessen erzählt, wie sie sich die Zeit einteilen möchte und hat so viel aus der Schule berichtet, dass ich fast Fieber gemessen hätte. Auf dem Weg in ihr Zimmer machte sie auf der Treppe noch einmal kehrt und umarmte mich stürmisch. Als ich die Brille gerade gerückt und die Haare gerichtet hatte, stand ich noch eine Weile in der Küche und spürte das Glück in meinem Körper kribbeln."

Die neue Freiheit ist bei uns Gewohnheit geworden, schöne Gewohnheit. Wenn Prinzessin Hilfe braucht, fragt sie uns gelegentlich. Und weil sie es dann ist, die die Initiative ergriffen hat, ist die Stimmung gleich ganz anders. Schulisch hat sich kaum etwas verändert. Ohne unsere Kontrolle läuft es genauso wie vorher mit Kontrolle. Nur dass wir es zu Hause viel schöner haben.

Ich finde es wunderbar, nicht mehr bei der Eltern-Polizei zu sein. Ich kenne so viele Mütter und Väter, deren Verhalten gegenüber ihren Schulkindern durchtränkt ist von der Haltung: „Ohne mich läuft das nicht für Marie/Lukas/Carl/Leopold … in der Schule." – „Wenn ich nicht den Turnbeutel packe, fehlt wieder die Hälfte." – „Wenn ich nicht ans Vokabel-Lernen erinnern würde, würde mein Kind in Englisch völlig absacken." – „Wenn ich nicht …" Um wen geht es hier eigentlich?

Auf Elternabenden selbst von Teenagern erlebt man Eltern, deren Wortbeiträge verraten, dass sie genau im Bilde sind, welches Buch in Englisch oder Geschichte gerade verwendet wird. Je gebildeter die Eltern sind, desto schlimmer wird das, weil sie fachlich erst abgehängt werden, wenn wir uns dem Abitur nähern. Oder es endet früher, wenn man gesunde Kinder hat, die irgendwann bockig werden wegen ihrer übergriffigen Eltern. „Da habe ich für Tim alles herausgesucht über die Pharaonen und die Grabbeigaben und was ist der Dank dafür? Pampig wurde er, weil er meine Schrift nicht lesen konnte."

Dass Eltern helfen wollen, ist ja verständlich. Jeder hat Angst, dass das eigene Kind abgehängt wird, wenn man nicht hilft. Weil ja alle helfen. Gegen Helfen spricht auch nichts. Wenn man sein Kind irgendwie unterstützen kann, ist das doch schön. Das machen wir – auf Anfrage – auch. Ich möchte aber nicht wissen, wie viel Stress und Streit es in Millionen Familien wegen der Schule gibt.

Tipps

 Helfen Sie Kindern über zwölf Jahren nur, wenn sie darum bitten.

 Fragen Sie, welche Form von Unterstützung sie möchten.

 Helfen Sie jüngeren Schulkindern, den richtigen Ort, die richtige Zeit und Dauer für Hausaufgaben zu finden.

 Wenn Sie helfen, nicht den Humor verlieren: Stift quer im Mund und singen, lästern über die Leute auf den Schulbuchfotos, englische Texte in katastrophaler Aussprache lesen, philosophieren über den Unsinn mathematischer Textaufgaben …

 Vereinbaren Sie Lernende und Belohnung. Vielleicht Kekse, eine Runde Tanzen, Chatten …

 Wenn mehrere Klassenarbeiten angekündigt sind, machen Sie zusammen einen Wochenplan. Oft besteht darin die einzige Unterstützung, nach der Prinzessin fragt: „Machst du mit mir einen Wochenplan?" Ich bin nämlich bekannt dafür, dass ich freie Zeit, Erholung und Spaß großzügig berücksichtige.

 In der Grundschulzeit vom Kronprinzen habe ich mir großen Stress gemacht, weil er kaum stillsitzen konnte und sich das Rechnen von zwei Mathepäckchen über Stunden hinziehen konnte. Im Rückblick würde ich sagen, dass ich das viel zu wichtig genommen habe und der Bursche genau wusste, dass er mit diesem Thema meine Aufmerksamkeit bekommt, leider negative Aufmerksamkeit.

 Daraus habe ich gelernt: Wenn ein Grundschulkind seine Hausaufgaben nachmittags zu Hause macht und es läuft nicht, sollten Eltern eine Zeit dafür festlegen und ein klares Ende setzen.

 Der Lerneffekt von Hausaufgaben in der Grundschule ist höchst umstritten. Die große Studie über Unterrichtsqualität des neuseeländischen Bildungsforschers John Hattie[29] hat gezeigt, dass Hausaufgaben in der Grundschule wenig bringen und erst in höheren Klassen den Lernerfolg fördern. Also ruhig Blut in der Grundschulzeit.

 Mir hat geholfen, mit der Lehrerin von Kronprinz zu sprechen und ihr unseren Stress zu schildern. Sie war eine sehr erfahrene und mütterliche Lehrerin, die ihre letzte Klasse vor der Pensionierung hatte: „Sie sorgen dafür, dass er sich eine halbe Stunde hinsetzt und seine Aufgaben macht. Und was er nicht schafft, schafft er nicht. Dann schreiben sie einfach eine Notiz ins Heft: „Heute ging einfach nicht mehr, das Wetter war zu schön, die Freunde klingelten, es hatte plötzlich geschneit, was auch immer." Das hat uns sehr entlastet. Danach ging es besser.

Der Elternabend

Zusammen mit dem Vater von Lotta bin ich Elternvertreterin in der Klasse von Kronprinz. Das ist mein Comeback
als Elternvertreterin. Fünf Jahre hatte ich kein Amt in der
Schule. Ich war Elternvertreterin im Kindergarten und Mit-
glied des Elternrats in der Grundschule. Aber weil man
mich immer zum Protokollschreiben verdonnern wollte
(„Du bist doch Journalistin"), habe ich lieber auf-
gehört. Meine Wiederwahl war sowieso gefährdet. Das mit
den Wellnessgutscheinen zum Lehrergeburtstag lief bei mir
etwas schleppend.

Nun muss man dazu sagen, dass Elternabende in unserer Gegend immer gut besucht sind: Wenn Mutter beim
Hatha-Yoga ist, kommt Vater. Beim ersten Elternabend vom
ersten Kind in der ersten Klasse kommen beide. In den
höheren Klassen kommen beide, wenn sie geschieden sind
und das Vertrauen futsch ist, dass der andere die Kofferliste
für die Skireise vernünftig mitschreiben kann.

Nicht nur die Präsenz, auch das Bildungsniveau ist hier
sehr hoch. Ich habe Elternsprecherwahlen erlebt, bei denen
alle fünf Posten bis runter zum Wart der Klassenkasse mit
Promovierten besetzt werden konnten. Das macht die
Sache nicht leichter.

Der Mann meiner Cousine beging den Fehler, einen
Elternabend in der Grundschule zu besuchen. Eine Mutter,
promovierte Ärztin, ließ ein Einweckglas mit einer Laus
herumgehen, die sie auf dem Kopf ihrer Tochter gefunden
hatte. Sie machte den Elternabend zum Proseminar über
Schädlingsbefall. Und die anderen Erwachsenen saßen mit
den Knien im Gesicht auf den Mini-Stühlen und hörten
seitenlange Anweisungen, was nun zu tun sei. Da meldete

sich der Mann meiner Cousine zu Wort: „Entschuldigung, Frau Dr. Sowieso, wenn ich ihren Ausführungen richtig folgen konnte, ist es doch ihre Tochter allein, die Läuse hat. Seien Sie so freundlich, das Kind zu Hause zu lassen, bis Sie guten Gewissens ein Attest darüber ausstellen können, dass die Population ausgerottet wurde."

Seither geht meine Cousine zu den Elternabenden.

Elternabende in der Schule sind ja die Gladiatorenkämpfe der Neuzeit: Schulbrot und Spiele. Die Eltern haben sich in der Arena Klassenzimmer versammelt. Eine Tüte „Colorado" macht die Runde. Die junge Lehrerin, gerade der Referendarzeit entschlüpft, sucht Halt in der Tagesordnung, die sie mit zittriger Hand an die Tafel geschrieben hat. Ende Zwanzig ist sie und steht Mittvierzigern im Zenit ihrer Karriere gegenüber. Rechtsanwälte, Ärzte, Apotheker, Lehrer, Medienmanager … Und alle sitzen da, bereit, rhetorisch den Löwen aus dem Käfig zu lassen.

Die Lehrerin von Kronprinz ist von einer Schule in Berlin-Neukölln ganz frisch nach Hamburg gekommen. Kaum hatte sie die Kronprinz-Klasse übernommen, hatte sie die waghalsige Idee, dass sich die Schüler nach der großen Mittagspause fünf Minuten früher im Kunstraum einfinden sollten, um nach Bereitlegen der Materialien pünktlich mit dem Unterricht beginnen zu können.

Ein schwerer Fehler. Ein Vater sprang auf und rief: „Wir sind hier ja nicht in Neukölln!" Mehrere Eltern stimmten ein und meinten, die Lehrerin könne dankbar sein, eine so tolle Klasse führen zu dürfen. Und nun komme sie daher und zerstöre jegliche Motivation der Schüler. Irgendwann trat der Katharsis-Effekt ein. Die Aggression war verraucht, die Lehrerin einen Schritt weiter zum Burn-out, die Coloradotüte leer. Im Eilverfahren ernannte man Lottas Vater und mich zu Elternvertretern.

Lottas Vater ist die ideale Wahl. Er trägt weder einen Doktortitel noch einen Doppelnamen. Sein Computer hat ein E-Mail-Programm, das allzu empörte Elternbotschaften sofort als Spam identifiziert. Und er fährt einen Kleinbus, der sich schon mehrfach bewährt hat, um Getränkekisten und Tapeziertische für das Klassenfest runter an die Elbe zu fahren.

Tipps

 Wenn Sie Elternvertreter sind, organisieren Sie keinen Elternstammtisch! Denn wenn man in der Klasse ein kleines Problem hat, ist es nach dem Stammtisch ein großes Problem.

 Wenn aufgeregte Eltern eine Beschwerde an Sie herantragen, schlafen Sie erst eine Nacht darüber. Handeln Sie erst dann … oder auch nicht.

 Sprechen Sie mit anderen Eltern oder einem Lehrer persönlich. Schreiben Sie E-Mails nur, um sich zu einem Telefonat oder einem persönlichen Gespräch zu verabreden. Ansonsten sind E-Mails nicht geeignet, einen Konflikt zu lösen.

 Sprechen Sie gut über andere Schüler und deren Eltern. Gibt es Probleme, sprechen Sie direkt mit den Menschen, die die Vorwürfe betreffen, und nicht über sie.

Im Konfliktfall wenden Sie ein mehrstufiges Verfahren an: Gespräch zuerst mit der Lehrerin, dann mit der Beratungslehrerin, in schweren Fällen auch noch mit der Stufen-Koordinatorin und zuletzt mit der Schulleiterin (Reihenfolge wichtig und vom Eskalationsgrad abhängig).

 Organisieren Sie lieber ein Fest, als sich in Dramen verwickeln zu lassen.

Das Nicht-gut-genug-Gefühl

Eine Frage stellt sich mir immer wieder: Wie kommen so viele Menschen, die am Anfang ihres Lebens keine Zweifel an sich selbst hatten, im Laufe ihres Großwerdens dazu, mehr und mehr zu denken, sie seien nicht gut genug?

Und wie können wir Eltern vermeiden, dass dieser Gedanke sich im Kopf unserer Kinder festsetzt?

Eine, wenn nicht die entscheidende Antwort lautet: Es ist das „Nicht-gut-genug"-Gefühl ihrer Eltern, das diese treibt, die Kinder zu treiben, mehr für die Schule zu tun. Sie kontrollieren den Ranzen, putzen die Kinder herunter, wenn die Hausaufgaben nicht ordentlich sind, sie packen ihnen das Schwimmzeug („sonst fehlt da wieder die Hälfte"), schicken sie später zur Studienberatung, tippen ihnen die Bewerbung …

Die Kinder treiben dann wieder ihre Kinder an oder sie bekommen gar keine mehr, weil sie an ihren eigenen Eltern abschreckend erlebt haben, wie diese ausbrennen über die Jahre wegen all der Sorgen und Ängste um die Kinder. Das fängt an bei der Wahl des „richtigen" Geburtsvorbereitungskurses und hört noch nicht auf, wenn der Farbauslöser vom Schwangerschaftstest einen Ausbildungsplatz sucht.

Wenn mehrere Eltern an einem Ort zusammentreffen, bei Elternabenden oder ähnlichen Veranstaltungen, ist die Stimmung so gut wie nie ausgelassen und unbekümmert. Von Leichtigkeit weit und breit keine Spur.

Kurz vor Weihnachten traf ich die Klassenlehrerin meiner Tochter. Sie wünschte mir ein frohes Fest und meinte: „Wir sehen uns ja im Februar beim Elterngespräch. Dann reden wir mal ausführlich." Sofort hatte ich einen Kloß im

Hals. Was meinte sie mit „ausführlich"? Hatte das „dann reden wir mal" nicht einen bedrohlichen Unterton? Guckte sie nicht besorgt?

Ja, und wenn? Selbst wenn den Lehrern etwas nicht passt an meinen Kindern, weiß ich doch, dass sie absolut vollkommen sind, selbst wenn der Schulsenator persönlich bei uns klingeln und etwas anderes behaupten sollte.

Oder die Lehrerin hat vielleicht sehr konstruktive Vorschläge, wie sich mein Kind besser in der Schule einbringen kann. Auf jeden Fall kann mein Hirn die Abteilung „Sorgen machen" oder „ein Problem erschaffen" gleich wieder dicht machen.

Ich bin es wirklich leid, dass ich eigenen Kindheitsängsten immer wieder auf den Leim gehe. Wenn ich nicht aufhöre mit meinem „Nicht-gut-genug", ziehe ich meine Kinder mit hinein. Und dann können wir über Generationen so weitermachen und haben keine Kraft für die entscheidenden Dinge (mal eben kurz die Welt retten).

Tipps

 Mischen Sie sich in die Schulangelegenheiten der Kinder nicht zu sehr ein. Interesse? Ja. Kontrolle? Nein. Das tut keinem gut. Ein furchtbarer Argwohn schleicht sich sonst ein, eine Atmosphäre des Misstrauens, der Enge, der Angst.

 In meinem Elternkurs erzählte eine Mutter, dass sie regelmäßig im Ranzen schauen würde, ob da nicht doch noch wichtige Zettel lägen, und ob das in Ordnung sei. Nein, ist es nicht.

 Sorgen Sie als Eltern gut für sich selbst. Das Beste, was Eltern ihren Kindern mitgeben können, ist, dass sie selbst glücklich sind.

 Legen Sie Musik auf. Ich habe eine CD gebrannt mit heiterer Entspannungsmusik. Die höre ich ab und an zum Frühstück. Dann startet die Familie gleich viel leichter in den Tag und ich freue mich riesig, wenn ich Prinzessin den letzten Titel summen höre, während sie den Schulrucksack schultert und in die dunkle Kälte tritt.

E-Mail an die Lehrerin

Eins unserer Kinder bekam einen Vokabeltest in Englisch zurück. Fünf minus. Acht von zwölf Vokabeln waren richtig, aber es fehlte ein Satz, der vier Punkte gab. Fünf minus.

Ich setzte mich an mein Notebook und formulierte. „Sehr geehrte Frau Lindner, ich möchte Ihnen die Rückmeldung geben, dass mein Kind traurig und enttäuscht aus der Schule kam. Die Strenge, mit der Sie solche Tests bewerten, ist demotivierend. Ich dachte, hoffte vielmehr, die Pädagogik der Totalentmutigung sei nicht mehr zeitgemäß. Mit freundlichen Grüßen …"

Hatte ich Schaum vor dem Mund? Ich fühlte mit der Zunge. Nichts. Ich stand auf und schaute in den Spiegel. Schaum nicht, aber so griesgrämige Die-Welt-ist-ungerecht-Fältchen zwischen den Augen und um die Nase. Ich probierte ein kleines Lächeln. Schon besser. Im Flur hörte ich das Opfer der Entmutigungspädagogik seine Hip-Hop-Sachen packen. Es sang. Ich fixierte mein kleines Lächeln und setzte mich wieder vor den Bildschirm. Die Mail guckte mich an. Nur ein Klick und ich hätte mein Kind und mich gerächt. Nur ein Klick und ich könnte jemandem eine mitgeben.

Wieder eine Beschwerde mehr in die Welt gesendet. Geht ja so leicht. Ich klickte auf „nicht sichern". Ich will nicht mich beschweren. Und auch nicht die Lehrerin beschweren. Ich will lieber gucken, wo ich es leichter machen kann für andere und für mich: Ein Klassenfest organisieren, Witze machen mit den Kindern, die ich in der Schulkantine bediene, anerkennen, wo Lehrer etwas richtig gut machen, mich bedanken beim unermüdlichen Schulhausmeister …

Tipps

 Handeln Sie nicht im ersten Ärger, sondern lassen Sie die Wut verrauchen und überlegen sich dann, ob die Beschwerde dem eigenen oder anderen Kindern wirklich etwas bringt.

 Wenn es etwas Gravierendes ist, bitten Sie um ein persönliches Gespräch mit dem Lehrer.

 Bombardieren Sie im Gespräch das Gegenüber nicht mit Vorwürfen, sondern beschreiben Sie, wie es dem Kind in der betreffenden Situation geht und warum man sich Sorgen macht. („Sophia hat sehr geweint, als sie nach Hause kam." – „Tim hat in letzter Zeit häufig Bauchweh, wenn er in die Schule gehen soll.")

 Sagen Sie, dass Sie gern wissen möchten, wie der Lehrer das Kind oder das Geschehen sieht.

Sich versöhnen mit den Medien

Die Internet-Schleuse

Neulich las ich in einem Buch, das „Eltern-Trickkiste" heißt und Ideen zur Lösung sämtlicher familiärer Probleme verspricht. Überraschend fand ich den Hinweis einer Kinderärztin, dass eher nasskalte Füße zu Mittelohrentzündung führen als die Weigerung, eine Mütze zu tragen. Man kann sich also den Mützenkampf sparen und den Gefütterte-Gummistiefel-Kampf führen.

Als ich das „Trick"-Buch durchblätterte, fiel mir ein, dass einer der besten „Tricks", die ich jemals in meinem Leben als Mutter bekam, der Hinweis auf die Kindersicherung im Router war.[30] Router ist die Kiste, die direkt mit dem Telefonanschluss verbunden ist und den Zugang aller internetfähigen Geräte des Haushalts ins weltumspannende Netz regelt.

Es gibt Router mit und ohne Kindersicherung. Bei denen mit Jugendschutz kann man die Seite mit den Router-Einstellungen auf dem Computer aufrufen und dort für jedes Gerät mit Internetzugang in der Familie eine Schleuse einrichten. Zum Beispiel „Tims iPad: täglich eine Stunde und nur zwischen 17 und 20 Uhr". Unter www.experto.de findet man eine Anleitung, wie man für einen Router der Marke FRITZ!Box solch eine Kindersicherung einrichtet. Ich habe es auch geschafft. Das sollte als Ermutigung reichen, denn bis vor Kurzem hielt ich „Router" noch für einen Begriff aus der Hundezucht.

Leider hat nicht jeder Router eine Jugendschutzfunktion. Aber wenn man sich sowieso ein neues Gerät zulegen will, sollte man eines mit Kindersicherungsoption nehmen.

Meine Kinder sind jetzt Teenager. Bei ihnen ist die Kindersicherung nicht mehr so dringlich. Der Kronprinz ist für den Jugendschutz zu alt. Aber als Prinzessin zwischen elf und 13 Jahren alt war, war ich froh, dass ich den Router so einstellen konnte, dass sie nur eine bestimmte Stundenzahl pro Woche ins Internet konnte und nach 22 Uhr gar nicht mehr. Wir haben das so lange verhandelt, bis wir der Lösung beide zustimmen konnten. „Schatz, eigentlich bist du der Experte für dein Schlafbedürfnis, aber ich habe den Eindruck, es würde dir guttun, wenn …"

Der große Vorteil der Router-Kindersicherung ist, dass Sie nicht jeden Tag Polizei spielen und durchsetzen müssen, dass vereinbarte Zeiten eingehalten werden. Ist die eingestellte Zeit abgelaufen, bricht die Verbindung einfach ab. Ich liebe technische Lösungen.

In meinen Elterntrainings habe ich geraten, sich dazuzusetzen und sich dafür zu interessieren, was die kleinen Nerds so treiben. Ich stand auch zu diesem Rat, bis ich merkte, dass ich immer seekrank wurde, wenn ich rasanten Verfolgungsfahrten beiwohnen oder mit taumelnden Figuren auf schwankende Rampen hüpfen sollte, wo uns eine heruntersausende Betonplatte erwartete. Mir wird davon so übel, dass ich mich hinlegen muss und als Computer-Begleitperson ein Totalausfall bin. Aber vielleicht kann der Papa das besser aushalten.

Ich fasse mal zusammen, was meiner Erfahrung nach beim Umgang mit dem Internet empfehlenswert ist:

Tipps

 Wenn man einen Internetanschluss einrichtet, werden Router häufig im Gesamtpaket vom Provider gratis mitgeliefert. Hier einmal „Stopp" rufen und fragen, was das Modell so bietet. Bei uns ergab die Nachfrage, dass sogar im Standardmodell ohne Aufpreis Jugend- schutzfilter eingerichtet werden können. Nicht locker lassen! Die Leute im Callcenter sind dafür nicht ge- schult. Ich würde mich weiterverbinden lassen oder darum bitten, es zu recherchieren und zurückzurufen.

 Im Router die Jugendschutzfilter aktivieren (darauf ist wohl nicht hundertprozentig Verlass, aber besser als nichts).

 „YouTube" ist das Fernsehen unserer Kinder. Um es ein wenig kindersicherer zu machen, sollten Sie auf dem Rechner, den das Kind benutzt, den „sicheren Modus" für YouTube einschalten. Dazu scrollen Sie die YouTube-Seite ganz runter und finden dort einen Button „Sicherer Modus: an/aus".

 Router mit Jugendschutzoption bieten die Möglich- keit, „White"-Listen einzurichten. Dann kann ich drei oder vier Internetseiten für mein Kind in der Liste verlinken und es kann nur noch auf diese Seiten zugreifen. Es gibt auch eine „Black"-Liste für alle Sei- ten, auf die Kinder auf keinen Fall kommen sollten. Aber wer weiß schon, was er alles ausschließen muss. Deshalb finde ich die „White"-Liste für Grundschul- kinder optimal. Und sie kann ja mit dem Älterwer- den erweitert werden.

Mit dem Tablet ins Baumhaus

Im vierten Quartal 2011 hatte die Zeitschrift „Landlust" erstmals eine höhere verkaufte Auflage als der „stern". Ich kann das verstehen. Auch ich habe diese Sehnsucht nach einem einfachen Leben in der Natur: Im Einklang mit dem Mondkalender die Blumenzwiebeln setzen und mit der „Manufactum"-Schere den alten Apfelbaum beschneiden. Mit den Kindern Borkenschiffchen auf den Bach setzen. Wenn dabei die selbst gestrickten Strümpfe nass werden, hängen wir sie über das Hanfseil am Kachelofen und lesen aus „Großvater und die Wölfe" von Per Olov Enquist. Die gesammelten Pilze schmoren in der Pfanne. Ich hole meine digitale Kamera mit der Mega-Verpixelung und schieße stimmungsvolle Bilder von rotwangigen Kindern und kleinen Händchen. Vorne scharf der kleine Fingernagel mit Erde drunter, hinten verschwommen die Eckbank, die Socken, der Eichelkranz. Im Sommer sitzen wir im Baumhaus mit unserem Tablet und senden die Fotos vom Kirschkernspucken kabellos in das Netz, das wir nicht sehen. Im Winter schöpfen wir selbst das Papier für die Weihnachtswunschzettel. Und doch wird wieder draufstehen „Nintendo, bitte, bitte, bitte" oder ein „Touch-Handy". Zehn Ausrufezeichen zerlaufen auf dem groben Papier.

Entschleunigt kommen unsere Kinder aus dem Waldorfkindergarten und landen doch auf der G8-Schule. Die Erderwärmung ist für sie eine Kurve auf dem Smartboard, ein Flugzeug so alltäglich wie der Schulbus.

Wir leben in diesem Spannungsfeld. Gestern die „ceBIT", morgen der Bauernmarkt mit den ungewaschenen Möhren. Bücher warnen uns vor dem „Gefahrenpotenzial" von Bildschirmmedien. Unsere Kinder – so alarmiert man – werden „digital dement".

Ich klappe sie zu die Bücher, die Schuldgefühle machen. Sie nehmen mir die Kraft. Ich knicke den erhobenen Zeigefinger ein. Zurück ins Glied mit dir! Ich nehme die ganze Hand zum Streicheln oder auf den Tisch hauen. Sind wir eine Elterngeneration im Zwiespalt? – Nein. Wir bringen es in Einklang, das Internet-Surfen und das Baumhaus-Bauen.

Tipps

 Kinder unter zehn Jahren sollten keinen uneingeschränkten Zugang zum Internet haben. Nutzen Sie es gemeinsam oder/und speichern Sie bestimmte kindgerechte Seiten ein, auf denen sie sich auch alleine bewegen dürfen.

 Schaffen Sie für die unter Zwölfjährigen lieber ein Handy ohne Internetzugang an. Für diese Altersgruppe muss es noch kein Smartphone sein, weil sie außerhalb des Haushalts dann doch ungehindert ins Internet kämen.

 Bei Teenagern wird man kaum um die Anschaffung eines Smartphones herumkommen, wenn man sich nicht vorwerfen lassen möchte, sie vom gesellschaftlichen Leben auszuschließen.

Ab etwa 16 Jahren sollten sie einen verantwortungs-vollen Umgang mit Medien gelernt haben. Spätes-tens dann sind sie ihren Eltern im Umgang mit allem Digitalen sowieso überlegen und können alle Jugendschutzmaßnahmen aushebeln.

 Seien Sie Vorbild und hängen Sie selbst nicht unun-terbrochen am Handy.

 Handeln Sie bestimmte Regeln aus: zum Beispiel kein Handy beim Essen (gilt auch für Papa und Mama!), und verbringen Sie den Familienurlaub in einer Gegend, wo Sie kein oder ganz schlechtes Internet haben.

Mission Maus

Es wird ja immer befürchtet, dass Jungs durch Computer- und Videospiele verrohen. Auch mir wird angst und bange, wenn ich im Augenwinkel sehe, wie Kronprinz schießend und brandschatzend durch die virtuelle Welt zieht. War es richtig, ihm den Wunsch nach diesem Spiel zu erfüllen? Sinkt die Gewalthemmung, stirbt das Mitgefühl?

Ein kleines Ereignis in dieser Woche lieferte die Antwort auf diese Fragen: Kronprinz saß im Wohnzimmer an der Spielkonsole, als unser Kater mit einer Maus im Maul von draußen kam. Während ich nichts unternahm, weil ich das für ein normales Mäuseschicksal hielt, sprang Kronprinz auf, verbaute dem Kater die Fluchtwege und packte ihn beherzt. Vor Schreck ließ der die Maus entkommen, die sich noch so guter Gesundheit erfreute, dass sie unters Klavier rennen und sich dort verschanzen konnte.

Kronprinz und ich lagen bäuchlings vor dem Instrument und leuchteten mit einer Taschenlampe darunter. Zwei Knopfaugen sahen uns an, der kleine Körper bebte. „Oh, wie süß", sagte der Kronprinz, während ich mich bei Überlegungen ertappte, wie lange es dauern würde, bis sich der erste Verwesungsgeruch im Wohnzimmer verbreiten würde. Der Kronprinz aber war fest entschlossen, die Maus zu retten. Er zog einen Gartenhandschuh an die linke Hand und schob mit der Rechten behutsam einen Stock unter das Klavier, um die Verfolgte hervorzutreiben, zu greifen und nach draußen zu tragen. Die Mission schlug fehl. Sie förderte nur Wollmäuse zutage. Schließlich holte er aus dem Keller ein dickes Brett und bockte mit aller Kraft das Klavier auf. Jetzt konnte sich die Maus wieder bewegen. Sie rannte am Regal vorbei in die Ecke mit dem Bügelbrett und verschanzte sich dort.

Die Playstation brummte, das Spiel lief weiter, aber ohne Kronprinz. Der hatte sich der „Mission Maus" verschrieben.

Er trieb und lockte, baute Fluchtwege und sprach Mut zu, hätte – wenn möglich – eine Pfote gehalten oder Blutdruck gemessen. Endlich schaffte es die Maus raus auf die Terrasse. Dort hockten die beiden: hinter dem Fallrohr der Dachrinne das kleine bebende Tier, davor der Berserker aus der Playstation-Welt.

„Meinst du, sie hat innere Verletzungen?" fragte er. „Ich weiß es nicht", sagte ich und dachte: „Gleich wird er die Maus beatmen." Aber da huschte sie ins Gebüsch.

Ich bin fest davon überzeugt, dass Jugendliche verrohen, wenn sie selbst roh behandelt werden, dass sie kein Mitgefühl entwickeln, wenn sie selbst von klein auf kein Mitgefühl erfahren haben. Und dann tun Gewaltvideos oder blutrünstige Computerspiele vielleicht ihr Übriges. Aber dass Jugendliche, die in einem liebevollen Elternhaus heranwachsen, allein dadurch zu Gewalttätern werden, dass sie medial Gewalt ausüben, halte ich für sehr unwahrscheinlich.

Kinder brauchen – gerade wenn sie halbwüchsig sind – Eltern oder andere Menschen, die sich aufrichtig dafür interessieren, was für ein Mensch sie sind. Dazu gehört auch, ihre Vorlieben und Interessen zu respektieren, die sich naturgemäß nicht mit denen ihrer Eltern decken. Und wenn es Probleme gibt, sollte man sich möglichst ohne Vorverurteilung darum bemühen zu verstehen, was dahintersteckt.

Als eine Kollegin meiner ältesten Schwester erfuhr, dass einer ihrer Söhne eine Droge ausprobiert hatte, tankte sie das Auto voll, befahl den jungen Mann auf den Beifahrersitz und fuhr und fuhr mit ihm auf der Autobahn, bis sie die Nordsee erreicht und verstanden hatte, wie er sich in eine solche Situation bringen konnte. „Im Auto", erklärte sie, „da ist kein Entkommen, da kann man einfach am besten reden."

Tipps

 Interessieren Sie sich vorurteilsfrei für die Halbwüchsigen und verbringen Sie schöne Zeiten mit ihnen.

 Nur wenn wir eine gute Beziehung zueinander haben, kann ich überhaupt Einfluss nehmen.

 Verdammen Sie nicht alle Computerspiele in Bausch und Bogen. Es gibt sehr kreative Spiele.

 Auch Gewaltspiele sind nicht grundsätzlich schlecht. In der sehr weiblich geprägten Welt der Schulen ist Gewalt weitgehend tabuisiert. Hier können PC-Spiele eine Entlastungsfunktion haben.

 Das gilt vermehrt, seitdem immer mehr Jungs nur mit ihrer Mutter zusammenleben und männliche Rollenvorbilder fehlen, die ihnen einen sinnvollen Umgang mit Aggressionen vorleben.

 Ruhig mal zum Controller (Steuerungsgerät für die Playstation) greifen und zusammen mit dem Jugendlichen spielen. Dann sieht man, welche feinmotorischen Fähigkeiten die Kinder dort entwickeln, und verschafft dem Junior gleichzeitig das tolle Gefühl, Mama oder Papa auch mal überlegen zu sein.

 Der beste Schutz sowohl vor Computerspielsucht als auch vor unkontrollierten Aggressionen ist eine gute Beziehung zum Kind.

„Nerd"-Nachhilfe

Es ist Spätsommer. Neue Stundenpläne hängen in der Küche mit Spalten, die weit über die Blattmitte ragen. Prinzessin hat zweimal pro Woche bis spätnachmittags Schule, Kronprinz dreimal.

„Darf ich vor dem Computer essen?" Das ist die erste Frage, wenn sie heimkehren. Gestern habe ich erlaubt, dass sich jeder gleich ins Zimmer verschanzte. Prinzessin thronte mit Notebook und einer Schale Johannisbeeren in ihrem Bett. Nebenan saß der Bruder im abgedunkelten Zimmer, die Füße in einer Schüssel mit kaltem Wasser, im Mund Hähnchen-Curry vom Vortag, der Blick starr auf dem Bildschirm.

Wieder unten trat ich auf die Terrasse. Die Sonne fingerte durch den Apfelbaum und sprenkelte die Kissen in der Hängematte, die niemand nutzt. An der Turnstange kein Kind, nur eine fette Spinne beim Schweinebaumeln. Da könnte man den Blues kriegen. Den klassischen Eltern-Blues. Warum tun sie nichts Sinnvolles? Frische Luft, Freunde treffen, Dosen kicken? Meinetwegen Freibad.

Da fiel mir ein, was Tanja und Johnny Haeusler, Fachjournalisten und Eltern zweier Teenagersöhne, schreiben: „Als unser jüngster Sohn einmal nach der Schule Minecraft spielen wollte, schlugen wir vor, er möge doch stattdessen nach draußen gehen, um mit den anderen Kindern Fußball zu spielen. Doch er antwortete sehr bestimmt: ‚Ich komme gerade aus der Schule. Ich habe den ganzen Tag mit vielen anderen Kindern und mit vielen Lehrern zu tun gehabt. Ich will jetzt einfach mal meine Ruhe haben und etwas alleine tun.'"[31]

„Sinnvoll" und „Bildschirm" – für viele Eltern geht das nicht zusammen. Vor Cybermobbing wird gewarnt, Videospiele als Killergames diskreditiert. Aber ist nur das Spiel mit der Waldorfpuppe unterm Hortensienbusch sinnvoll? Ist immer sinnvoll, was ich in meiner Freizeit tue? Meine Kinder könnten klagen: „Mama ist wieder draußen und schneidet Rosen. Dabei hat sie immer noch Lücken bei der Computernutzung. Neulich wusste sie nicht einmal, was ein Browser ist. Wenn sie sich nur täglich eine halbe Stunde hinsetzen und sich mit den Programmen befassen würde, könnte sie in ihrer Altersklasse mithalten. Aber nein, dazu hat sie keine Disziplin. Vielleicht sollten wir einen ‚Nerd‘ von unserer Schule fragen, ob er ihr Nachhilfe geben kann.“

Tipps

 Genießen Sie die enorme Kompetenz, die Jugendliche auf dem Gebiet der digitalen Medien haben, und freuen Sie sich darüber.

 Wenn Ihnen die Computer- oder Handy-Nutzung Ihrer Kinder zu viel wird, meckern Sie nicht Tag für Tag daran herum, sondern vereinbaren Sie ein Gespräch mit Ihren Teenagern und handeln Regeln aus.

 Wichtig ist, Verbote nicht wie ein Gesetz per Elternmacht zu verhängen, sondern Regeln zu vereinbaren, denen jede Seite zustimmen kann. Befassen Sie sich mit dem, was Ihre Kinder am Computer, Tablet oder Smartphone tun, ehe Sie sich ein Urteil bilden.

 Machen Sie sich klar: Für Jugendliche und Kinder heute sind die digitalen Medien nicht irgendein Spielzeug, sondern wesentlicher Teil ihrer Lebenswelt. Hier halten sie sich auf dem Laufenden und kommunizieren mit ihren Freunden.

Das Leben mit Teenagern genießen

Einzahlungen auf dem Beziehungskonto

Ich war bei einer Elternversammlung unseres Gymnasiums zum Thema „Klassen 7 bis 10". Hätte ich nicht gewusst, was es war, hätte ich es für ein Treffen der „Selbsthilfegruppe Pubertät" gehalten.

„Unser Sohn ist in der achten Klasse. Und neuerdings ist es, als wäre der Kontakt zu ihm abgebrochen." – „Wir erfahren gar nicht mehr, ob er eine Klassenarbeit zurückbekommen hat." – „Wir haben eigentlich nur noch Streit." Kopfnicken, verdrehte Augen und solidarisches Lachen von den anderen Eltern.

Ich saß da und suchte in meinem Innersten, ob mir auch eine Klage einfiele. Wenn man als Eltern Pubertät nicht als schwere Störung erlebt, fühlt man sich als Sonderling.

„Ich heiße Uta und habe eine gute Beziehung zu meinem Sohn." Wäre ich aufgestanden und hätte einen solchen Satz gesagt, wäre ich wahrscheinlich mit Kulis beworfen worden. Man hat in diesem Alter keine gute Beziehung zu seinem Kind, schon gar nicht zu Söhnen. Die sind ja später und länger in der Pubertät, wie die Schulleiterin erklärte. Die Schulleiterin ist Pubertätsveteranin. Sie hat zwei Söhne. Aber die sind längst erwachsen. Sie erzählt davon, als sei sie eine der wenigen Überlebenden dieser Zeit.

Um das Problem in den Griff zu bekommen, setzt man auf Kontrolle. Es wird von Lehrern in der Mittelstufe berichtet, die Eltern nicht nur die Liste der anstehenden Klassenarbeiten mailen, sondern auch immer ein Signal senden, wenn die Rückgabe einer Arbeit zu erwarten ist. Das gefiel den versammelten Müttern und Vätern und man fragte, ob nicht alle Lehrer diesen Service bieten könnten. Zum Glück hielt die Schulleiterin das für nicht praktikabel.

In der Pubertät, heißt es, ist das Gehirn so stark im Wandel, dass man ein Schild an die Stirn des Jugendlichen heften könne: „Wegen Umbau geschlossen." Wenn Eltern sich auf Elternversammlungen oder auf Partys unterhalten, kann man die Feigen im Speckmantel darauf verwetten, dass jemand so einen Spruch bringt. Ich finde das billig. Ich will auch nicht, dass mich jemand mal in eine Wechseljahres-Schublade steckt oder mir sonst irgendein Schild anhängt.

Auf dem Nachhauseweg vom Elternabend fiel mir eine Erkenntnis ein, die mir in mehreren Erziehungsratgebern begegnet ist: In der Pubertät bekommen die Eltern die Quittung für ihr Verhalten in den Jahren davor.

Ja, aber was denn für ein Verhalten?

Auf der Suche nach einer Antwort hat mir ein Bild sehr geholfen, das der amerikanische Managementberater und neunfache Vater Stephen R. Covey benutzt. Covey sagt, es gebe „Einzahlungen und Abhebungen auf dem Beziehungskonto". Wenn wir viel einzahlen würden, bekämen wir später mit Zinsen zurück, was wir an Nähe und Zeit in unsere Kinder investiert haben.[32]

Was könnten „Einzahlungen" sein?

Tipps

 Respektieren Sie von klein auf das Kind als die Person, die es ist. Wer Kinder nicht respektiert und ihre persönlichen Grenzen verletzt, muss sich nicht wundern, wenn sie in der Pubertät mit gleicher Münze heimzahlen.

 Bevormunden Sie das Kind nicht, sondern zeigen Sie Interesse und hören Sie ihm gut zu.

Klopfen Sie ab dem Alter von zehn Jahren an die Tür, wenn Sie in sein Zimmer möchten.

 Stellen Sie das Kind nicht bloß vor anderen, zwingen Sie es nicht, etwas zu essen oder anzuziehen.

 Stehen Sie hinter dem Kind, egal, was es angestellt hat oder was der Lehrer behauptet. Wenn wir unter uns sind, scheue ich mich nicht, Klartext mit ihm zu reden. Aber vor anderen halte ich zu ihm.

 Bieten Sie auch dem halbwüchsigen Kind körperliche Nähe: Mal in den Arm nehmen, Kuscheln, Rücken kratzen, Beine massieren (allerdings nicht vor seinen oder Ihren Freunden).

 Überlassen Sie dem heranwachsenden Kind die Verantwortung für seinen Schulerfolg. Ich biete meine Unterstützung an (zum Beispiel Vokabeln abhören, gemeinsam einen Wochenplan machen, Nachhilfe buchen), aber zwinge es weder zum Lernen noch überwache ich seine Hausaufgaben.

 Unterstützen Sie Leidenschaften. Wenn Jugendliche Interessen und feste Termine haben, fällt es ihnen leichter, mit der Achterbahnfahrt ihrer Gefühle zurechtzukommen: Sport, Musik, Touren mit dem Longboard, Kreativ-Workshops, Ferienkurse …

 Akzeptieren Sie, dass diese Interessen deutlich von Ihren abweichen und viel mit Medien zu tun haben können.

Statt Kreuzverhör

In Haushalten, in denen Teenager leben, gibt es viele Übereinstimmungen:

- Alles wird ausgebreitet, nichts wird eingesammelt.
- Alles wird benutzt, nichts wird geputzt.
- Alles wird nachts erlebt, weniges am Tage.
- Alles wird den Freunden erzählt, weniges den Eltern.
- Alles wird gesucht, nichts wiedergefunden.
- Alles geht besser mit Chips, selten mit Vollkorn-Dinkel-Ingwer-Keksen.
- Alles beginnt mit einem Blick in den Spiegel, nichts läuft ohne Deo.
- Alles mit Käse Überbackene schmeckt, nichts mit weichem Gemüse.

Viele Eltern finden diese Zeit anstrengend. Wenn wir das Alter unserer Teenager-Kinder nennen, werden wir meistens bedauert. Ganz anders meine Freundin Katrin. Als wir ihr und ihrem Mann die Bilder vom Herbsturlaub zu viert zeigten, rief Katrin plötzlich: „Das ist die beste Zeit. Man kann so tolle Gespräche mit ihnen führen."

Katrin und ihr Mann können gerade nur den Hund umsorgen. Die Tochter studiert sechs Zugstunden entfernt, der Sohn verbringt ein Schuljahr im Ausland. Als wir unsere Freunde neulich zum Essen einluden, waren sie ganz selig, dass unsere Kinder mit am Tisch saßen. Dabei hatten wir gerade dem Kronprinz einen giftigen Blick zugeworfen, weil er unter dem Tisch auf sein Smartphone schielte. „Selbst das fehlt mir so", seufzte Katrin, „diese netten kleinen Konflikte."

Das mit den tollen Gesprächen ist wahr. Deshalb stimmt der Punkt „Alles wird den Freunden erzählt, weniges den

Eltern" nicht ganz. Zwar gibt es Phasen, in denen habe ich bessere Gespräche mit dem Labrador von nebenan als mit meinen Kindern. Aber man muss nur warten. Mal bin ich nachts vor einem Spätfilm versackt, als der Kronprinz von einer Party kam und wir bis in die Morgenstunden gesprochen haben. Mal saß ich im Urlaub auf einem Stein vor dem Ferienhaus und bewunderte den Sternenhimmel. Plötzlich erschien im Dunkeln unsere Prinzessin, setzte sich zu mir und erklärte mir in allen Details das komplizierte Beziehungsgeflecht ihrer Freundinnen. Die Konstellationen am Himmel sind ein Witz dagegen, das sage ich Ihnen.

Für solche Gespräche muss man Durststrecken aushalten, immer irgendwie in Beziehung bleiben und darf nichts erzwingen. Und man muss Gelegenheiten schaffen.

Mein Mann geht deshalb laufen. Es kann regnen, es kann schneien – Vater und Sohn binden die Laufschuhe und haben die besten Gespräche. Sie reden über Berufspläne, Zimmerpreise in Großstädten, Lautsprecherdesigns … Wenn sie wiederkommen, stehen die Haare senkrecht über ihren roten, glücklichen Schwitzgesichtern. Und mein Mann hat tausendmal mehr über den Kronprinzen erfahren, als wenn er ihn ins Kreuzverhör nehmen würde.

Meine Gelegenheiten sind Rückenkratzen, Füßemassieren und zusammen kochen (keine Sorge, alles räumlich und zeitlich getrennt). Ich kann sie auch aus ihren Zimmern locken, wenn ich einen heißen Kakao mit Sahne und Schokostreuseln mache, das Waffeleisen oder den Sandwichtoaster aufheize. Dann kann es zwar sein, dass sie den Kakao mit nach oben an den Rechner nehmen (= Durststrecke), oder aber sie bleiben viel länger als gedacht am Tisch und wir sprechen über Gott und ihre Welt.

„Was unsere Kinder in der Pubertät von uns brauchen, … ist eigentlich nur das: zu wissen, auf dieser

Welt gibt es einen oder zwei Menschen, die wirklich glauben, dass ich ok bin. ... Viele von uns haben keinen solchen Menschen in unserem Leben. Mit einem kann man gut überleben, mit zwei kann man wunderbar leben. Doch das ist nicht unsere Tradition als Eltern. Wir verhalten uns eher wie Lehrer, sitzen mit einem Rotstift da und schauen, was noch nicht richtig ist. Das ist weder für die Kinder hilfreich noch für die Eltern."[33]

Tipps

 Wenn ich mit dem Teenager ins Gespräch kommen will, gehen wir zusammen laufen oder mit dem Hund Gassi.

 Sorgen Sie für schöne gemeinsame Zeit: Regelmäßig zusammen essen, kochen, spielen, Kissenschlacht machen, Heimkino mit Popcorn, zusammen basteln, puzzeln, Picknick im Park, Ausflüge …

 Bevormunden Sie den Jugendlichen nicht, aber machen Sie im Gespräch eigene Standpunkte klar.

Die Schattenmänner

Als meine Eltern im Sommer zu Besuch waren, saßen wir auf der Terrasse bei Kaffee und Kuchen. Ich brachte noch Zucker und Milch hinaus und fand an der Tafel nur noch einen Platz in der prallen Sonne, während seine Durchlaucht, der Kronprinz (da noch 15), unter dem großen Schirm im Schatten thronte.

Unmut regte sich über den Kuchenstreuseln. Meinen Eltern war anzusehen, dass sie vom Prinzen einen Platztausch erwarteten. Und meine Schwester fing an, ihren Sohn zu bearbeiten, damit er seinen Schattenplatz für die Tante räumte.

Meine erste Reaktion war Unwohlsein. Wenn der eigene Sohn wie ein Pascha unter dem Schirm sitzt und keine Anstalten macht, auf den sozialen Druck von allen Seiten der Kaffeetafel zu reagieren, fällt zwar weiterhin viel Sonne auf die Mutter, aber kein gutes Licht auf mich als Elterntrainerin.

Zum Glück kam mir in diesem Moment folgender Satz in den Sinn: „Es gibt einen Raum zwischen Reiz und Reaktion."[34] Im Umgang mit den Kindern ist mir dieser Gedanke sehr wichtig geworden. Erst einmal innezuhalten, hat mich schon in vielen Situationen vor Schlimmerem bewahrt. Deshalb hielt ich das kleine Unwohlsein auf der Terrasse aus (=Raum). Der Wunsch, mein Sohn möge sich als höflich erweisen und ich würde als Tochter und Schwester dafür Anerkennung bekommen (=Reiz), wurde von mir ausgesessen (= Raum).

So hatte ich Zeit zu spüren, dass die Sonne mir tatsächlich wohl tat und ich gar nicht mit den halbwüchsigen Schattenmännern tauschen wollte, und bestand schließlich darauf, dass Sohn und Neffe sitzen blieben (= Reaktion).

Berufsbedingt dachte ich noch einmal über die Szene an der Kaffeetafel nach, als die Sonne längst untergegangen war. War ich wieder zu nachgiebig? Hat unser Sohn vielleicht zu wenig Empathie?

Die Fragen beantworteten sich wenig später von selbst: Als Kronprinz und ich über seine Pläne für das Wochenende sprachen, meinte er plötzlich: „Ach, da hast du doch den Termin, auf den du dich so freust."

Tage war es her, dass ich den Termin erwähnt hatte, deshalb war ich so beglückt, dass er sich daran erinnerte, meine Gefühle wahrgenommen hatte und auf meine Pläne Rücksicht nahm. Und mir wurde wieder klar, dass es einen viel größeren Einfluss auf die Kinder hat, welche Stimmung zwischen uns herrscht und welche Schwingungen sie in der Familie aufnehmen als einzelne erzieherische Maßnahmen. Von nun an wollte ich den Schattenmännern in meiner Familie wieder mehr vertrauen. In ihnen ist so viel Licht.

Schieben Sie immer mal wieder eine Lücke ein zwischen der „Tat" des Jugendlichen und Ihrer Reaktion darauf. Häufig werden Sie merken, dass ein Einschreiten gar nicht nötig ist.

 Wenn Ihr Kind Sie in einer wichtigen Angelegenheit um Erlaubnis fragt, sagen Sie, dass Sie Zeit zum Nachdenken brauchen, darüber schlafen oder mit dem Partner sprechen müssen. Lieber keine Schnellschüsse! Die machen nur Stress.

 Nehmen Sie sich in schwierigen Situationen Zeit, alleine darüber nachzudenken: Worüber mache ich mir genau Sorgen? Welche Ängste steuern mich? Warum fahre ich so aus der Haut?

 Machen Sie sich klar, dass es Kinder viel stärker beeinflusst, wie wir in der Familie miteinander umgehen, als welche pädagogische Einzelmaßnahme wir ergreifen.

 Machen Sie sich bewusst, dass wir mit unseren Kindern manchmal Dressurnummern vorführen, um als Eltern besser dazustehen.

Geträufeltes Gift

Wenn ich etwas mit diesem Buch erreichen möchte, dann, …

… dass Ihre und meine Kinder mit dem Gefühl aufwachsen, sie sind richtig, so wie sie sind.

… dass wir zusammen, Sie und ich, jeden Tag in dem Wissen leben, dass an unserer Person nichts hinzugefügt oder verändert werden muss, um bis in jede Pore liebenswert zu sein.

… dass wir erkennen, wo wir selbst dieses „Du-bist-nicht-gut-genug"-Gift in unsere Kinder träufeln, weitergegeben von Generation zu Generation.

„Das Fundament des Selbstgefühls lässt sich vielleicht am besten beschreiben, wenn man an frischgebackene Eltern denkt, die zum ersten Mal ihr schlafendes Baby betrachten. Sie sind durchdrungen von dem Gefühl, dass dieser neue Mensch, allein durch seine Existenz, etwas Wunderbares und Wertvolles ist. Die meisten Eltern bewahren sich dieses Gefühl einige Wochen lang, bevor sie sich bemüßigt fühlen, in dieses Werk der Schöpfung ‚korrigierend' einzugreifen."[35]

Ja, sollen wir denn gar nicht eingreifen? Kinder – so heißt es doch immer – brauchen Grenzen. Stimmt das denn nicht?

Ich behaupte: Menschen brauchen Regeln, weil ihre unterschiedlichen Bedürfnisse im Zusammenleben in Konflikt geraten. Das Ganze funktioniert besser, wenn große wie kleine Menschen lernen, sich an Regeln zu halten. Dass aber Kinder im Besonderen Grenzen brauchen, ist eine Theorie aus dem Giftschrank.

Prinzessin kam am Freitagabend vom Hip-Hop zurück, holte ein Kilo Süßigkeiten aus dem Schrank (vom Taschengeld selbst gekauft), ließ sich damit auf das Sofa fallen, um eine Aufzeichnung von „Gute Zeiten, schlechte Zeiten" zu sehen. Als sie die Beine übereinanderschlug, sah ich, dass sie Waden und Oberschenkel mit Sprüchen beschriftet hatte.

In meinem Inneren führte ich folgende Diskussion mit mir selbst: „Wie furchtbar, das ist ja das komplette Trash-Programm: geistloses Fernsehen, Süßkram und Kugelschreiber-Hautverunreinigung. Kann sie sich nicht mit Oma und Opa unterhalten, die gerade zu Besuch sind?" – „Komm, Uta, reiße dich zusammen. Sie ist gerade erst nach Hause gekommen. Willst du zur Begrüßung gleich an ihr herummeckern?" – „Ja, aber ich muss dem Kind doch Werte vermitteln, erklären, dass Kugelschreiber-Tattoos nicht gut sind für die Haut, dass man den Großeltern Respekt zollt, dass GZSZ was für Gehirnamputierte ist, dass …" – „Uta, entspanne dich. Sie weiß diese Dinge selbst, möchte sich jetzt aber ein wenig ausruhen. Das ist nicht der Untergang des Abendlandes. Nur weil sie Trash futtert oder guckt, wird sie nicht selbst zum Trash."

Schließlich handelte ich mit ihr aus, dass sie nach 20 Minuten den Fernseher ausschaltete, weil ich es nicht mag, bei der Arbeit in der Küche die Zickendialoge aus dem Fernseher anhören zu müssen. Außerdem bat ich sie, keine weiteren Süßigkeiten zu essen, weil es mich ärgert, wenn ich mir Mühe gebe, ein gesundes Abendbrot zu machen, und sie schon satt ist von der Tüte Weingummi.

Hier haben wir also wieder unsere Frau Mustermann, die für ihre eigenen Grenzen eintritt, statt das Kind abzuwerten und ihm irgendwelche künstlichen Grenzen zu setzen (weil Fernsehen schädlich ist, Zucker die Zähne angreift …). Das Kind zeigte sich kooperativ (vielleicht wegen dem fetten „PEACE" auf dem Oberschenkel). Oma und Opa zeigten sich auch kooperativ (sogar ohne Tattoos auf den Oberschenkeln) und spielten Rommé mit dem Kind.

Stehen Sie lieber für Ihre eigenen Grenzen ein, als das Kind zu belehren und zu maßregeln.

 Es reicht, wenn Eltern sich zu 80 Prozent gegen ihre Kinder durchsetzen. 100 Prozent Durchsetzungsquote braucht man beim Militär, in der Familie aber zerstört sie die Beziehungen. Ein klarer Standpunkt ist wichtiger, als ihn jemandem aufzuzwingen.[36]

 Wenn eine wichtige gemeinsame Aktivität bevorsteht, zum Beispiel ein mehrtägiger Besuch bei den Großeltern, ein großes Familienfest oder eine Urlaubsreise, setzen Sie sich ein paar Tage vorher zusammen, sprechen Sie über Ihre Erwartungen, hören Sie die Vorstellungen der anderen Familienmitglieder an und handeln Sie gemeinsame Regeln aus. Zum Beispiel: Smartphonenutzung bei der Anreise ja, aber nicht während der wenigen gemeinsamen Stunden mit den Großeltern.

Mädchen stärken

Tütü und Treckingsandale

Prinzessin ist nicht der „Lillyfee"-Typ. Mit „Lillyfee" war sie schon durch, da war sie kaum im Kindergarten. Heute liebt sie Krimis mit viel Action, Karate-Kid-Filme, Achterbahn-Loopings, Lederjacken und Fußball. „Ich mag es gern rockig", sagt sie.

Sprachlich ist sie auch nicht zimperlich. Als wir neulich am Tisch einen gepflegten Diskurs über Geschlechterverteilung im Wandel der Zeit führten, meinte sie: „Es sind ja doch die Väter, die den Schotter rauszocken." Ich hüstelte in die rosa Stoffserviette, rückte die Messerbänkchen gerade und schwieg distinguiert.

Es gibt da ein merkwürdiges Überkreuzphänomen. Ich habe eine Schwäche für Blumenröcke, Jane Austen, weiße Geranien in Jugendstilwintergärten, Empirekleider, rosa Pfingstrosen, geblümte Kulturtaschen, Paisley-Briefpapier und … eine rockige Tochter.

Unser Briefträger mit seiner Schwäche für Funktionskleidung, mit einer Familie, die den ganzen Sommer in Zelten und Treckingsandalen lebt, hat eine „Lillyfee"-Tochter. Sie heißt Emma und ist sieben Jahre alt. Ich gab dem Briefträger neulich eine Tüte mit Kleidern, die Prinzessin nicht mehr passen oder die sie noch nie mochte. Darin ein Tüllrock, rosa Ballettschläppchen, Briefpapier mit Elfen in zarten Kleidchen … Herr Ö. nahm die Tüte mit spitzen Fingern und stopfte sie in die Lenkertasche hinter die Einschreiben. „Vergangene Woche gab es Theater, da wollte sie im Tütü in die Schule." Ich seufzte, stellte mir Klein-Emma vor, eine schmale Gestalt mit einer duftigen Rosette um ihre Taille. Emma mit Tütü und Treckingsandale, Emma in Jack-Wolfskin-Jacke und Ballettschläppchen.

Herr Ö. wuchtete das Postfahrrad von seinem Ständer. „Das ist sicher nur eine Phase", sagte ich. Herr Ö. schüttelte sich. „Das ganze rosa Zeugs", sagte er, „meine Frau mag das auch nicht. Und mit diesem Prinzessinnen-Kommerz ziehen sie uns Eltern nur das Geld aus der Tasche." Er boxte in den Tüll, der zwischen den Einschreiben aus der Tüte gefedert war. „Bitte lassen Sie sie", flehte ich, „alles, was Sie bekämpfen, machen Sie nur stärker."

Wenn Herr Ö. wüsste, dass es nur dem sozialen Druck meiner Familie zu verdanken ist, dass ich nicht selbst in Tüll und Spitze in der Tür stand.

Aber zurück zu Prinzessin. Wenn ich mit ihr einkaufen gehe, ist meine einzige Funktion, der Kleiderständer für ihre Lederjacke zu sein und zu zahlen. Prinzessin hat in Sekundenschnelle das Sortiment gescannt und weiß, ob etwas für sie dabei ist oder nicht. Wenn ich meinen Kopf in die Umkleide schiebe, um mütterliche Beratung anzubieten, ist sie längst im Aufbruch. „Wir nehmen das und das. Das hier ist mir zu tussihaft."

Auf dem Weg zum Parkautomaten wagte ich es kürzlich, eine persönliche Frage zu stellen. „Bei deinem Kleidungsstil gibt es da jemanden in deiner Klasse oder in Funk und Fernsehen, an dem du dich orientierst?" – „Ja, da gibt es jemanden", sagte sie. Mir rutschte die Parkkarte aus der Hand. „Und, wer ist das?" – „Ich selbst."

Tipps

 Warum nicht mit Tütü in den Kindergarten? Wenn es nicht gerade bei Eis und Schnee der neue Badeanzug ist, spricht nichts dagegen, Kinder selbst aussuchen zu lassen, was sie anziehen.

Man kann ja vereinbaren, dass die Kleidung so etwa dem Wetter angemessen sein sollte, aber sonst freie Auswahl besteht.

 Sammeln Sie Hüte, Perücken, High Heels, rauschende Röcke, Tücher und Krawatten in einer schönen Verkleidungskiste.

 Äußern Sie sich nicht abfällig über die Kleidung, die sich die Tochter ausgesucht hat. Wenn die Eltern das durchhalten und eine respektvolle Beziehung zu ihrem Kind gepflegt haben, werden sie irgendwann gefragt: „Mama, findest du, dass das zusammenpasst? Welche Jacke würdest du dazu anziehen?"

 Zwingen Sie spätestens seit Beginn der Grundschule das Kind nicht mehr, eine Mütze, Schal und Handschuhe zu tragen. Lassen Sie es selbst sein Wärmebedürfnis herausfinden! Und krank werden die Kinder eher, wenn sie unter Stress stehen, als wenn sie mal keine Mütze auf dem Kopf haben. Diese Freiheit hat bei meinen Kindern dazu geführt, dass sie manchmal nach ein paar Metern draußen zurückkehrten und sich selbst noch Handschuhe oder eine Kopfbedeckung geholt haben.

 Schenken Sie für das Teenagerzimmer einen großen Spiegel oder kleben Sie Spiegelfliesen an die Tür oder den Schrank.

Zickologie

„Wenn du mich heute fragst, wie es war", sagte Prinzessin nach der Schule und schleuderte ihren Rucksack in die Ecke, „dann kann ich nur sagen: bescheiden, äußerst bescheiden."

Ich dachte: „Oh je, die Englischarbeit versiebt." Aber nein, für Prinzessin hat das Zwischenmenschliche Priorität. Fächer und Zensuren sind für sie lästiges Beiwerk des schulischen Lebens. Als wir beide vor Weihnachten mit dem Klassenlehrer bei einem „Lernzielgespräch" zusammensaßen, fanden wir Erwachsenen einige Punkte, in denen sie sich verbessern könnte. Diese Punkte wurden von Herrn T. auf dem Lernzielformular notiert. Herr T. und ich lächelten uns an. Er setzte seinen Namen unter die neuen Lernziele. Freudig zückte auch ich den Stift und Prinzessin, zu dem Zeitpunkt elf Jahre alt, sagte nur: „Nee, das unterschreibe ich nicht."

Nur damit Sie wissen, mit wem wir es zu tun haben.

Ihr Kummer am Mittag hatte also seine Ursache im Zwischenmenschlichen, bei Mädels kurz „Zickenkrieg" genannt. Zwei Freundinnen, erzählte Prinzessin, hätten sie den halben Tag geschnitten und wenn Prinzessin etwas gesagt hätte, hätten Lisa und Marie sich nur angeguckt und die Augen gerollt. Und Lisa hätte gesagt, dass Ella gesagt hätte, dass die neue Uhr von Prinzessin völlig uncool sei. Und Ella hätte gesagt, dass Prinzessin gesagt hätte, dass sie in Wirklichkeit gar nicht bei Lisa hätte übernachten wollen. Und Ella fände es doof, dass Prinzessin zu feige sei, die Wahrheit zu sagen …

In den Augen von Prinzessin stand das Wasser wie auf einer Eisfläche, die frisch präpariert wurde.

Was tun in einer solchen Situation?

Hier ein Auszug aus meinem kleinen Lehrbuch „Zicko-
logie".

 Suchen Sie Körperkontakt, setzen Sie sich zusammen
auf das Sofa, nehmen Sie das Kind in den Arm und
lassen Sie es erzählen. Fünfzig Prozent des inneren
Drucks sind schon mal weg, wenn alles aus einem
herausplatzen darf.

 Trösten Sie Ihre Tochter, kraulen Sie ihr den Kopf
oder kratzen Sie ihr den Rücken und sagen, dass Sie
verstehen können, wie äußerst bescheiden dieser
Schultag war.

 Lassen Sie zusammen Dampf ab. „Diese blöde
Zicke!" Und „wom" kriegt das Sofakissen unseren
linken Haken zu spüren. „Und hier hast du noch
einen und noch einen." Jetzt haben wir es der Kis-
senzicke aber gezeigt. Meistens kann ihre Hoheit
dann wieder lachen.

 Aber dann sollten Sie es gut sein lassen. **Nicht** als
Mama oder Papa gegen andere Kinder hetzen.

 Vor allen Dingen sollten Sie **nicht** bei anderen Eltern
anrufen, um die Situation zu „klären". Es ist der
Konflikt der Kinder. Halten Sie sich da raus! Ich habe
schon Zickenkriege erlebt, nach denen die Mädchen
sich am anderen Tag wieder vertragen haben, aber
die Mütter bis heute kein Wort mehr miteinander
reden.

Halten Sie sich nicht länger bei dem auf, was sich ereignet hat oder was alles gesagt wurde. Seien Sie vorwärtsgerichtet und überlegen Sie lieber zusammen, was Ihre Tochter das nächste Mal in so einer Situation sagen oder tun könnte.

 Vermitteln Sie dem Kind die wichtigsten Grundsätze zur Vermeidung von Zickenkrieg: 1. Kläre Probleme direkt mit der Person, die sie betreffen. 2. Sprich nicht mit Dritten darüber. 3. Wenn du nichts Positives über jemanden sagen kannst, dann sag': Gar nichts!

Dies ist das Programm, wenn viel Wasser in den Augen steht. Wenn Ihr Kind aber jeden Tag mit solch einem Thema kommt, sollten Sie weniger Aufhebens darum machen. Ihre Tochter würde sonst lernen, dass sie immer bei Problemen Aufmerksamkeit bekommt, und wir ziehen uns eine Drama-Queen heran. Dann lieber eine gute Zeit mit dem Kind verbringen und gar nicht groß in das Thema einsteigen.

Von der Leichtigkeit des Eltern-Seins

Prinzessin lag gestern Morgen in ihrem Zimmer auf dem Boden und versuchte, Hotpants anzuziehen, die sie zuletzt getragen hatte, als sie durch Zahnlücken grinste.

Sie nimmt in Mathe gerade Wahrscheinlichkeitsrechnung durch. Die Wahrscheinlichkeit, dass der Knopf, der sich auch bei allem Ziehen und Zerren eine Handbreit entfernt vom Knopfloch befand, sein Ziel erreichen könnte, lag bei Null. Der Reißverschluss stand in einem Winkel von 90 Grad offen.

„Warte mal, daraus lässt sich eine lebensnahe Textaufgabe formulieren."

„Mama", ächzte Prinzessin, „hilf mir lieber."

Wir schnitten bei einer aktuellen Jeans die Beine ab. Ich ging nach unten in die Küche, um Brötchen aufzubacken.

Wenig später erspähte ich auf der Treppe Fohlenbeine. Mehrere Stufen lang nur Beine, schwarz, lang, seidenmatt, … endlich fing die Hose an, war aber schnell zu Ende.

Ich schluckte. Sieht es billig aus? Ist es zu sexy? Was machen diese Beine mit der Konzentration des Referendars?

Der Backofen piepste. „Hast du meinen Mathezettel gesehen?" Prinzessin hatte ihr schimmerndes Untergestell eingeklappt und wühlte in einem Stapel mit Schulsachen.

„Ich? Was? Mathezettel?"

Vor meinem geistigen Auge sah ich keine Zettel, ich sah andere Mütter tuscheln, sah die Schulleiterin mit der „Sitte" telefonieren, den Hausmeister eine Plane vor das Kind halten.

Prinzessin hielt das warme Brötchen wie ein Vögelchen in beiden Händen und lächelte sonnig. Ich lächelte zurück, sagte nichts.

War das Feigheit oder Mut? Verantwortungslosigkeit oder Vertrauen? Sollte ich meine Tochter in Stil und Moral strenger unterweisen?

Als Prinzessin mittags zurückkehrte, trug sie eine petrolfarbene, lange Jeans. „Ich habe mich in der ersten Pause umgezogen. Lina hatte noch eine Sporthose dabei und hat mir ihre Jeans gegeben." – „Hat denn jemand über dein Aussehen gemeckert?" – „Nein, aber ich habe mich damit irgendwie nuttig gefühlt. Das ging gar nicht."

Immer wieder erlebe ich es, dass ich gar nichts sagen muss, dass die Kinder ihre eigenen Erfahrungen machen und häufig daraus die Schlüsse ziehen, die ich mir innerlich wünsche. Dabei könnte ich mit den Hotpants sogar gut leben. Solche Beine müssen gefeiert werden!

Manchmal lasse ich mich verunsichern, wenn ich andere Eltern erlebe, wie sie kämpfen, streiten, zwingen, sich ab-mühen, im Recht sein wollen. Bin ich nur zu bequem oder zu schwach, um mich durchzusetzen? Andere haben so viel Krieg zu Hause.

Sind mein Mann und ich zu harmoniebedürftig, um schlechte Stimmung – vielleicht zum Wohl der Kinder – auszuhalten?

Eltern sollten sich nicht anbiedern. Sie sind nicht die Kumpel ihrer Kinder. Diese Kumpanei, die meine ich auch gar nicht. Aber diese permanente Besserwisserei von Erwachsenen gegenüber Kindern, diese angebliche mora-lische Überlegenheit geht mir gehörig gegen den Strich.

Kann es sein, dass viele von uns Erwachsenen den Mut verloren haben, ihr Leben in vollen Zügen auszuschöpfen, und wir deshalb die Kinder klein halten? Wir machen uns Sorgen, dass die anderen Eltern schlecht von uns denken könnten, haben Bedenken, welchen Eindruck der Lehrer von unserem Kind gewinnt, haben Angst, unser Kind könnte mit seinem Eigensinn in dieser Gesellschaft nicht zurechtkommen.

Darüber kann ich mich aufregen, aber dann weiß ich, dass ich meinen Weg weiter gehen möchte. Erziehen **darf** leicht sein. Leben **darf** leicht sein. Weg mit der Angst!

Tipps

 Trauen Sie Ihrem Kind mehr zu, als es sich selbst zutraut.

 Das geht nicht von jetzt auf gleich. Wenn Sie bisher eher der kontrollierende Elterntyp waren, braucht es seine Zeit, bis Ihre Kinder Ihnen das Vertrauen wirklich abnehmen und sich erste Ergebnisse zeigen. Geben Sie nicht auf, es lohnt sich.

 Machen Sie es sich nicht künstlich schwer, indem Sie meinen, jede Kleinigkeit bestimmen und überwachen zu müssen.

 Schalten Sie häufiger um auf den Vertrauensmodus und lassen Sie die Liebe fließen.

Aufklärung in Brandenburg

Die Tochter meiner Freundin hat zum ersten Mal ihre Tage bekommen. Meine Freundin ging daraufhin in einen Drogeriemarkt, um sich beraten zu lassen, was junge Mädchen heutzutage benutzen. Sie traf auf eine sehr nette Verkäuferin, selbst Mutter einer Teenagertochter. Von Frau zu Frau wurde das Für und Wider verschiedener Produkte besprochen. Meine Freundin entschied sich für die Packung mit den Schmetterlingen, bis die Verkäuferin sagte: „Aber das Entscheidende fehlt noch." – „Das Entscheidende?" Meine Freundin balancierte schon Hygieneartikel auf beiden Armen. „Was denn noch?" – „Das Wichtigste finden Sie dort!" Die Verkäuferin wies auf einen Tisch, auf dem sich Konfektschachteln türmten. „Schokolade. Kaufen Sie ihr Schokolade und einen großen Strauß Blumen. Dieser große Tag muss doch gefeiert werden."

Was für eine schöne Idee! Kein Tag zum Schämen und sich Unwohlfühlen, sondern zum Feiern. So habe ich es dann bei Prinzessin auch gemacht.

Weniger souverän bin ich bei Aufklärungsthemen. Meine Kinder sind ja nicht mehr im Bullerbü-Alter. Mit 14 und 17 Jahren lässt man keine Borkenschiffchen mehr schwimmen oder liest dem blinden Großvater aus der Zeitung vor. Als Eltern hat man sich mit Themen wie Alkohol, Rauchen und erste sexuelle Erfahrungen zu befassen. Themen, bei denen ich mich gern locker gebe, es aber absolut nicht bin.

Kleiner Beispieldialog mit Prinzessin, nachdem ich mir vorgenommen hatte, etwas Heikles anzusprechen:

„Was guckst du so komisch?" – „Ich gucke komisch?" – „Ja, du ziehst die Augenbrauen mega-hoch und darüber ist alles voller Falten."

Ich kniff mir in die Wangen, ließ zur Lockerung das ganze Gesicht schwabbeln und grunzte ein paar Urlaute.

„Besser?" – „Na, ja."

Meistens bin ich dann so aus dem Konzept, dass ich das heikle Thema lieber fallen lasse. Neulich aber war ich sehr erleichtert. Da habe ich von Remo H. Largo, dem Leiter der Abteilung „Wachstum und Entwicklung" am Kinderspital Zürich, Folgendes gelesen: „Eltern spielen für ihre Söhne und Töchter mit ihrem partnerschaftlichen Verhalten und dem Austausch von Zärtlichkeiten als Vorbilder eine wichtige Rolle ... Ich bin aber nicht der Meinung, dass die Eltern in der Aufklärung die Hauptrolle spielen sollten, auch wenn sie sich kompetent fühlen und der Ansicht sind, dass sie diese Aufgabe gut erfüllen können."[37]

Lieber Remo H. Largo, ich bin ganz Ihrer Meinung. Zudem bin ich nicht halb so kühn wie meine Freundin Britta, die beim Abendessen mit ihren beiden Kindern über Chlamydien-Infektionen bei ungeschütztem Geschlechtsverkehr, das Verkleben der Eierstöcke und die daraus folgende Unfruchtbarkeit sprach. Chapeau, Britta!

Oder wie unser Freund Jochen, der seinen bald erwachsenen Kindern zwei Packungen Kondome kaufte und jedem eines in die Hand drückte als wären es Überraschungseier.

Oder wie Bettina, die mit ihrer Tochter im Auto durch Brandenburg fuhr und so leidenschaftlich darüber referierte, wie wichtig es sei, mit dem „ersten Mal" zu warten, bis man sich gut kennt und vertraut, dass sie richtig Gas gab und ein Knöllchen bekam.

Oder wie Claudia, die sich ihren 16-jährigen Sohn zur Brust nahm und ihm einschärfte, nie, aber auch wirklich nie ein Mädchen anzufassen, das alkoholisiert ist.

Folgendes aber werde ich beherzigen:

Machen Sie Ihrer Tochter ein kleines Geschenk und stellen Sie ihr Blumen ins Zimmer, wenn sie zum ersten Mal ihre Tage bekommt.

 Machen Sie sich keine Sorgen, wenn Ihr heranwachsendes Kind nicht mit Ihnen über Sexualität spricht. Jugendliche ziehen bei diesem Thema vor allem die beste Freundin oder den besten Freund ins Vertrauen. „Sexualität ist … Teil des Erwachsenseins und gehört nicht mehr in das gemeinsame Familienleben. Eltern berichten ihrem Sohn am Frühstückstisch auch nicht, dass sie vergangene Nacht miteinander geschlafen haben."[38]

 Die Aufgabe von Eltern ist es eher, dafür zu sorgen, dass die Jugendlichen eine gute Beratung bekommen, zum Beispiel von einer verständnisvollen Frauenärztin oder Ihrem Hausarzt. Als Kronprinz 16 war, habe ich ihn zu einem Check-up bei unserem Hausarzt angemeldet, weil dieser uns angeboten hatte, auch sexuelle Fragen mit ihm zu besprechen.

 Die Kondome werden in unserem Haus beizeiten neben den Wattestäbchen im Bad stehen.

 Wenn Sie ein Thema haben, das Ihnen am Herzen liegt, das Sie aber nicht direkt ansprechen möchten, können Sie einen Fachartikel darüber (zum Beispiel Schutz vor Chlamydien-Infektionen oder AIDS) ausdrucken und für längere Sitzungen ins Bad legen. Dort wird früher oder später alles gelesen.

Verbote, Kontrollen und Strafen gehen meist nach hinten los. Das heißt aber nicht, dass Eltern sich gar nicht um das Thema kümmern sollten. Kindern in der Pubertät tun Erwachsene gut, die sich für sie interessieren, klare Standpunkte vertreten und ihnen gleichzeitig die Freiheit lassen, ihre eigenen Schlüsse zu ziehen. Dann können die Jugendlichen selbst gucken: Wer will ich in Bezug auf diesen Standpunkt sein?

Die Sache mit den Fußstapfen

Angenommen, der Supermarkt, in dem Sie immer einkaufen, wäre nur durch zwei Eingänge zu betreten. Über der einen Tür stünde „durchschnittlich", über der anderen „wunderschön". Für welche Tür würden Sie sich entscheiden? Wo würden Sie sich einsortieren?

In einem Videospot von MaryAnn Barone wurden in fünf Städten weltweit (San Francisco, Shanghai, Delhi, London und Sao Paulo) Frauen gefilmt, die vor diesen beiden Möglichkeiten standen. Manche traten beherzt durch die „beautiful"-Tür, die meisten strömten durch die „average"-Tür, eine ergriff sogar die Flucht, schien beide Eingänge für sich nicht angemessen zu finden. „Ich habe ohne zu zögern", sagt eine danach im Interview, „für mich den ‚Durchschnittlich'-Weg gewählt." Und ihr sei klar geworden, dass niemand sie so etikettiert, sondern sie selbst dieses Urteil über sich gefällt habe.

Andere wurden von einer Schwester oder Freundin lachend über die „beautiful"-Schwelle gezogen. Und eine Frau berichtete, sie habe ein Triumphgefühl dabei empfunden, „der Welt zu sagen, ja, ich finde mich schön."

Schließlich kam eine Mutter mit ihrer etwa 15-jährigen Tochter. Zielstrebig und schwungvoll machte sie sich Richtung „Schönheit" auf, während das Mädchen bei „durchschnittlich" abbiegen wollte. Aber ihre Mutter zog sie zurück, hielt ihr die „beautiful"-Tür auf und scheuchte sie lachend hindurch.

Mich hat das Video sehr berührt, zeigt es doch, dass wir die Wahl haben und dass diese Wahl Auswirkungen hat auf unser Leben. Für Prinzessin wünsche ich mir, dass sie schnurstracks durch die „beautiful"-Tür geht. Jeden Tag neu.

Kann ich sie scheuchen? Ihr zu sagen, dass ich sie schön finde, mag sie nicht. „Ach, das sagst du nur, weil du meine Mutter bist. Hör auf damit." Ich bin dann zerknirscht, weil ich denke, es ist doch ein guter Anfang, wenn die eigene Mutter das findet.

Aber damit es sie auch erreicht, habe ich sie in einen Kurs geschickt. Eine Freundin von mir hat in der örtlichen Familienbildungsstätte jungen Mädchen gezeigt, wie sie ihrer inneren Schönheit Ausdruck verleihen. Welche Farben passen zu mir? Welche Schnitte? Wie geht ein stolzer Gang? Wie kann ich mir selbst die Haare hochstecken? Wie bringe ich meine Augen zum Leuchten?

Am anderen Morgen wurde ich selbst unterwiesen, ich musste mich so an den Wohnzimmerschrank lehnen, dass auch die Schultern und der Kopf das Holz berührten. Prinzessin hat noch ein wenig gedrückt und schließlich gesagt: „So, jetzt stehst du gerade, jetzt kannst du loslaufen." Und wir beide schritten königlich die Garde unserer Esszimmerstühle ab.

Ich bin sehr froh, dass ich sie für diesen Kurs gewinnen konnte. Mehr kann ich nicht tun. Oder?

Doch. Das Entscheidende ist, dass auch ich jeden Tag „beautiful" wähle. Das ist die Sache mit den Fußstapfen.

Vermitteln Sie Ihrem Kind, dass gutes Aussehen nichts Oberflächliches ist, sondern Ausdruck innerer Schönheit und der Wertschätzung für sich selbst.

 Machen Sie einen Schönheitsabend mit Ihrer Tochter. Lassen Sie ihr ein Bad ein, stellen Sie eine Duftkerze an den Wannenrand, lackieren Sie sich gegenseitig die Nägel und probieren neue Frisuren aus.

 Wenn Sie Ihrer Tochter „Gute Nacht" sagen wollen, nehmen Sie sich Zeit, setzen Sie sich auf die Bett-kante und massieren ihr die Füße.

 Akzeptieren Sie, dass sich Ihr Kind nicht immer nach Ihrem Geschmack kleidet. Jeder muss das Recht haben, seinen eigenen Stil zu finden. Wenn Sie es schaffen, Ihrem Kind in den ersten Jahren die Wahl seiner Kleider weitgehend selbst zu überlassen, wer-den Sie später damit belohnt, dass es Sie nach Ihrem Urteil fragt.

 Werten Sie es nicht ab, wenn die jungen Mädchen plötzlich ihr ganzes Taschengeld für Nagellack aus-geben oder die Nachmittage mit Fotoshootings ver-bringen. Laut Kinder- und Jugendpsychiater Michael Schulte-Markwort tauchen im jugendlichen Leben irgendwann die Fragen nach der eigenen Attraktivi-tät, nach Begehrtsein und Gesehenwerden auf. „Das ist ein entscheidender narzisstischer Mechanismus in dieser Zeit der Entwicklung, der notwendig ist für eine gesunde seelische Entwicklung."[39]

Die wilden Kerle verstehen

Die Federmäppchen-Splitterbombe

Am Gartenzaun sprach ich mit meiner Nachbarin von gegenüber. Sie hätte da noch eine Frage, sagte sie, und die zarte Falte zwischen ihren Augenbrauen geriet zum Canyon. „Nils", seufzte sie und machte eine Pause, als sei das nicht der Name für ihr Kind, sondern eine Diagnose.

Nils, über den sich schon die Kindergärtnerin wegen seines Schimpfwortschatzes beklagte. Nils, über den eine Ergotherapeutin einen Bericht schrieb, der den Eltern die Tränen in die Augen trieb. Nils, dessen Mutter von einem Professor für Kinderpsychiatrie den Rat bekam, die Ergotherapeutin zum Teufel und den Jungen zum Toben auf den nächsten Baum zu schicken. Nils, der normalste Junge der Welt.

„Ich mache mir Sorgen wegen Nils in der Schule", sagte Martina. Er habe ja jetzt sein erstes Zeugnis bekommen und da stehe drin, dass er unruhig sei und besser zuhören müsse. Und die Lehrerin hätte auch gesagt, dass sie Nils alles zweimal sagen müsse.

Ich wollte meiner Nachbarin schon auf das Heftigste die Hand schütteln und sie im Club der Normale-Jungs-Eltern begrüßen. Aber Martina war nicht nach Feiern zumute. Und lesen wolle Nils auch nicht freiwillig. Immer müsse sie eine Belohnung in Aussicht stellen, damit er mal zwei Seiten lesen würde. Das klang so richtig nach Spaß und ich hatte Lust, mit Nils starke Ritter mit Riesenschwertern in langweilige Erstlesebücher zu kritzeln.

Als Kronprinz in die Grundschule ging, blieb er nur unter der Bedingung vor seinen Hausaufgaben sitzen, dass ich ihn zwischen den Schulterblättern kratzte. Dann döste er selig über dem Heft, und wenn ich Glück hatte, rechnete er mal ein Päckchen Aufgaben.

Warum sollte er sich abgeben mit 82 : 9 = 9 R 1, wenn die Grundlagenforschung über die Hüpfhöhe von Radiergummis noch in den Kinderschuhen steckte? Was ist mit den Flugeigenschaften von Löschpapier? Mit Tesafilm am Cockpit verstärkt, schafft es der A-380 von „Kronprinz-Air" solide bis zu Terminal 2 auf dem Sideboard.

„Du kannst doch Mathe schnell fertig machen und dann hast du alle Zeit der Welt, Flieger zu basteln", sagte ich mit mütterlicher Restgeduld. „Ich stelle dir die Digitaluhr auf den Tisch und wette, dass du keine fünf Minuten brauchst, um die Seite fertig zu rechnen."

Die Digitaluhr. Ich benutze sie beim Backen. Aber für einen Neunjährigen ist sie der Zeitzünder der Federmäppchen-Splitterbombe. „Krass, Mama, danke! Was meinst du, sollte das Mäppchen nach 60 Sekunden explodieren oder schon nach 20 Sekunden?"

Jungen im Grundschulalter haben einen riesigen Forschungs- und Bewegungsdrang. Das kommt daher, dass sie deutlich mehr Muskelmasse haben als Mädchen. Diese Muskeln wollen trainiert und koordiniert werden, sonst bilden sie sich zurück. Deshalb hat die Natur den kleinen Kerlen ihre Wildheit eingepflanzt. In Kombination mit ihrer überbordenden Entdeckerfreude wird daraus eine Impulsivität, die Eltern und Lehrer zur Verzweiflung treiben kann.

Tipps

 Beherzigen Sie folgende Faustregel: Kinder können sich nur so lange konzentrieren wie das Zweifache ihres Alters, Neunjährige also nur ungefähr 18 Minuten am Stück. Bei vielen Jungen ist es noch weniger. Danach brauchen sie eine kleine Entspannung oder Abwechslung (einmal die Treppe hoch und runter rennen, mit dem Softball kicken, Seil springen, jonglieren …).

 Bieten Sie Ihrem Kind jede Menge Möglichkeiten, sich zu bewegen und draußen herumzutollen.

 Richten Sie in der Wohnung eine Tobe-Ecke ein (alte Matratze, Kissen) oder hängen Sie eine Schaukel auf.

 Sollten Sie und der Lehrer Ihres Kindes den begründeten Verdacht haben, Ihr Kind habe eine Aufmerksamkeits-Defizit-Störung (ADS) oder eine Aufmerksamkeits-Defizit-Hyperaktivitätsstörung (ADHS), gehen Sie zu einem Kinder- und Jugendpsychiater. Die Diagnose braucht viel fachliche Erfahrung. Nach Auskunft von Kinder- und Jugendpsychiater Michael Schulte-Markwort sind in der Regel drei bis fünf Termine notwendig, um gesichert sagen zu können, ob ein Kind wirklich von ADHS betroffen ist oder nicht.[40]

 Das meiste Zappeln und Unkonzentriertsein ist völlig normal oder auf Bewegungsmangel zurückzuführen. Lassen Sie sich Ihr Kind auf keinen Fall vorschnell krank reden.

 Ein Grundschulkind, das in der Schule ganztags betreut wird, sollte auf keinen Fall am späten Nachmittag oder Abend noch Hausaufgaben machen oder etwas lernen müssen.

 Lassen Sie sich von den Hausaufgaben nicht die Beziehung zu Ihrem Kind kaputt machen

Machos im Frauenreservat Schule

Seit einigen Jahren gibt es in den Schulen sogenannte „Lernzielgespräche". Meistens sieht das bei uns so aus: Lehrerin, Uta und Sohn sitzen zu einem vereinbarten Termin im leeren Klassenzimmer. Lehrerin und Uta sind begeistert über so viel Gelegenheit zum Quatschen, Sohn sitzt muffig daneben. Danach führen wir auf dem Weg zum Auto folgenden Dialog.

Uta: „War doch toll, wie Frau Wagner auf uns eingegangen ist und wie differenziert sie dich sieht, oder?"

Kronprinz: „Mmmmpf."

Uta: „Eigentlich ist sie ganz nett, die Frau Wagner."

Kronprinz: „Mmmmpf."

Uta: „Du musst dich einfach nur ein bisschen häufiger melden und dich mehr bei der Gruppenarbeit einbringen."

Kronprinz: „Mmmmpf."

Uta: „Ja, hast du das Gespräch denn nicht als gut empfunden?"

Kronprinz: „Kriegen wir zu Hause einen Internetverstärker?"

Ende des Gesprächs.

Auch Prinzessin ist keine Freundin von Lernzielgesprächen. Aber sie reagiert – typisch Frau – ganz anders darauf. Sie sucht Augenkontakt zur Lehrperson, trägt eifrig neue Lernziele ein und sitzt mit einem charmanten Dauerlächeln auf ihrem Stuhl. Als wir nach dem jüngsten Lernzielgespräch die Treppe zum Parkplatz hinaufgingen, knetete sie ihre Wangen. „Was machst du da?" – „Ich massiere mein Gesicht. Dieses Dauergrinsen ist so mega-anstrengend."

Das unterschiedliche Verhalten meiner Kinder in Lernzielgesprächen wurde mir verständlicher, als ich bei dem

Schweizer Psychologen Allan Guggenbühl las, dass wir den Schülern nicht gerecht werden, wenn wir Geschlechtsunterschiede leugnen würden. Das wäre gut gemeint gewesen in den 1980er- und 1990er-Jahren, als Mädchen für Naturwissenschaften begeistert werden sollten und Jungen für Handarbeiten und den Frieden. Das gehe aber an der Realität der Jugendlichen vorbei. Vor allem an der der Jungen, die inzwischen viel häufiger die Schule abbrechen oder zur Therapie geschickt werden als die Mädchen.[41]

Jungen stellen Nähe über Taten her, nicht über Worte. Wenn sie jemandem zeigen wollen, dass sie ihn mögen, zeigen sie ihm ihr Glas mit den Ameisen, erklären ihm den Lego-Truck, den sie gebaut haben, oder spielen mit ihm Playstation.

„Die Mehrzahl der Kinder will sich als Junge oder Mädchen ins Leben einbringen, will die geschlechtliche Identität ausbauen und entwickeln … Auch wenn die Erwachsenen sich strikt geschlechts-neutral verhalten, entwickeln sich die Geschlechtsunterschiede … Wenn die Schule Geschlechtsunterschiede negiert, dann werden aus den Schülerinnen Tussis und aus den Schülern Machos!"[42]

Das ist auch der Grund dafür, dass Jungen Lernzielgespräche nicht so schätzen. Überhaupt mögen sie es nicht, wenn Erwachsene ihnen in die Augen schauen und mit sanfter Stimme auf sie einwirken wollen.

Zudem weist Lern-Trainerin Vera F. Birkenbihl darauf hin, dass für Jungen die Stellung in der Gruppe wichtiger sei als der Einzelne als Individuum.[43] Deshalb darf man für Jungen den Unterricht nicht zu stark individualisieren. Sie sind gern in der Gruppe, müssen immer gucken, ob Tim die Matheaufgabe schon gelöst hat, ob sie schneller sind als Lukas, der Bandenführer, oder eine bessere Note haben als Nils, der beim Fußballspielen dominiert.

Machen Sie keinen Druck, wenn Ihr Sohn sich bei Lernzielgesprächen in der Schule nicht so recht beteiligt. Machen Sie sich klar, dass das pädagogische Soft-Gespräch nicht sein Medium ist.

 Wenn Sie darauf Einfluss haben, suchen Sie sich für Ihren Sohn eine Lehrperson, die eine starke Führungskraft ist und bei der klare Regeln gelten. Jungen respektieren sie dann leichter als „Oberbandenführer"[44].

 Wenn Ihr Sohn eine schlechte Note für soziales Verhalten bekommt, entspannen Sie sich. Hier werden weibliche Eigenschaften belohnt.

 Suchen Sie die Nähe zu Ihrem Sohn, indem Sie zusammen etwas werkeln, eine lange Autofahrt machen, sich sein Handy erklären lassen oder Vater mit ihm Sport treibt.

Brief an meinen Mann

Mein lieber H.,

als Bobby 14 war („Bobby" war mal unser Arbeitstitel für den ganz kleinen Kronprinzen) und an einem Abend allein zu seinem Freund aufbrach, hattest du einen Anflug von Traurigkeit im Blick. Du schautest betrübt in dein Bordeauxglas und sagtest: „Schreibe doch mal darüber, was man gegen die Wehmut tun kann, die einen ergreift, wenn die Kinder flügge werden." Du hattest Bobby angeboten, ihn im Auto zu dem Übernachtungsbesuch bei seinem Freund zu bringen. Bobby hatte abgelehnt. Er wollte allein mit dem Fahrrad fahren. Und es war nicht mehr Bobby, der auf sein Rad stieg, sondern ein Vierzehnjähriger, der – seinen Seesack männlich geschultert – so schnell um die Ecke verschwunden war, dass dein Winken im Ansatz erschlaffte.

Manchmal gehst du dann in den Keller, wo die Schachteln mit den Fotos stehen: Bobby auf dem ersten Fahrrad, Bobby mit Prinzessin auf dem Schoß, Bobby mit einem Steinbruch von Milchzähnen im Mund, Bobby am Strand, in der Wanne, auf dem Trampolin … Im Keller zwischen den Fotoalben hat die Wehmut leichtes Spiel.

Du siehst den großen Kerl, und statt dich an seinen breiten Schultern zu freuen, läufst du Gefahr zu denken: „Ach je, ich kann ihn jetzt nicht mehr auf den Schoß nehmen."

Er ist abends unterwegs. Und statt dir zu sagen: „Hey, alles richtig gemacht, er hat jede Menge Freunde und zieht mit ihnen um die Häuser", guckst du durch die Wehmutbrille und denkst: „Ich kann ihm gar nicht mehr vorlesen."

Statt dich zu freuen, dass du ihm das Rasieren und Krawattebinden beibringen kannst, bist du traurig, dass er die blaue Latzhose mit dem kleinen Teddybären in der Brusttasche nicht mehr trägt.

Die Phase, in der er jetzt steckt, ist Mannwerdung. Wie spannend! Wie entscheidend! Und wen braucht er dafür mehr als jeden anderen? Seinen Vater.

Klar, Freunde auch. Mit denen verbringt er jetzt die meiste Zeit. Aber seinen Vater braucht er als Rückhalt, als großen Mann, als Hort der Erfahrung. Mehr im Hintergrund ohne Anbiederung, aber verlässlich und stark, ein Leitbild, ein Fixstern hoch über der Achterbahn der Gefühle, auf die ihn die Pubertät geschickt hat.

Wenn du zu viel im Keller sitzt und alte Fotos anguckst, kriegst du nicht mit, wenn er hungrig oben durch die Küche tigert und verpasst den seltenen mitteilsamen Moment eines männlichen Teenagers beim Mitternachtsmüsli.

Du bist ein wunderbarer Vater und hast schon so viele tolle Sachen mit deinen Kindern unternommen. Lass dich nicht von der Wehmut in den Keller drücken. Das Schöne ist jetzt.

Deine Uta

Tipps

 Halte keine Vorträge über den Fettgehalt von Kartof-felchips, sondern mache welche mit ihm zusammen.

 Gehe mal wieder mit ihm in den Hochseilgarten, an eine Kletterwand oder zum Kartfahren. Vielleicht zu-sammen mit seinen Freunden und deren Vätern.

 Zeige ihm, wie man ein gutes Steak brät, oder baue mit ihm den höchsten und leckersten Burger, den er je gesehen hat.

 Macht einmal im Monat einen Pokerabend. Das hat euch doch neulich bei den Freunden so viel Spaß ge-macht.

Wie Basti sich innerlich „abrackert"

Als ich neulich Dienst in der Schulcafeteria tat, bekam ich diese leider wahre Geschichte mit: Eine Frau, die sich vor einigen Jahren von ihrem Mann getrennt hatte, lebt allein mit ihrem zwölfjährigen Sohn und ihrer Mutter. Oma kocht und backt und führt den Haushalt. Mutter arbeitet, um alle zu versorgen. Sohn ist bockig.

Weil er seine Hausaufgaben nicht pünktlich erledigte, wurde das iPad kassiert. Oma kocht und backt und leistet auch noch Cafeteriadienst in der Schule. Aber was sie mit dem Jungen tun soll, der sich immer wieder „dieses i-Dings" holt, weiß sie nicht. Die Tochter hat es schließlich weggeschlossen. Punkt. Aus. Keine Widerrede.

Kürzlich eskalierte die Situation. Wichtige Arbeitsunterlagen der Mutter waren verschwunden, als sie morgens zu einem neuen Arbeitgeber fuhr. Bastian, der Sohn, war in der Schule. Oma stellte sein Zimmer auf den Kopf und fand die Arbeitsunterlagen hinter seinem Bett.

Mit hochrotem Kopf erzählte sie es in der Schulkantine, ihren Blutdruck in dem Moment hätten Sie nicht wissen wollen. Aber wissen müssen Sie, dass ihre Tochter einen neuen Partner kennengelernt hat und mit Sohn und Mutter in seine Nähe nach Hannover ziehen will und dass Bastian sein altes Umfeld und seine Freunde verlassen und auf eine neue Schule gehen soll, eineinhalb Jahre nach seinem Wechsel von der Grundschule auf das Gymnasium.

Oma und die versammelten Mütter waren sich einig, dass Bastian ein schlimmer Junge sei, dem „mal endlich Grenzen gesetzt werden müssen". „Jetzt reicht es wirklich mit dem Basti", schnaufte seine Oma. „Ich habe ihm schon gesagt, er darf gern zu seinem Vater ziehen. Dann wird er schon sehen, wie **der** sich um ihn kümmert. Aber das ist mir jetzt auch egal."

Synchrones Nicken bei den Frauen. Alle bedauerten die Oma. „Das hat die Heide doch wirklich nicht verdient, wo sie sich so abrackert für den Jungen und die Tochter." – „Und die arme Melanie! Kommt abends von der Arbeit, und zu Hause ist nur Krieg."

„Und der arme Basti", hob ich an, „so eine große Umstellung …"

Aber das wollte niemand hören.

Der dänische Familientherapeut Jesper Juul sagt sinngemäß: Es gibt keine Eltern, die ihre Kinder nicht über alles lieben. Und es gibt keine Kinder, die ihre Eltern nicht über alles lieben. Aber Eltern und Kinder können diese Liebe häufig nicht umsetzen in liebevolles Verhalten, stattdessen herrscht „tiefe, schmerzhafte Frustration"[45].

Mutter und Oma arbeiten und arbeiten, um die kleine Halb-Familie über die Runden zu bekommen. Aber so viel sie auch arbeiten, sie haben nicht das Gefühl, für Bastian wertvoll zu sein. Das tut weh und macht wütend. Und alle Erwachsenen schreien nach härteren Maßnahmen für den aufmüpfigen Jungen.

Dabei sehen sie nicht, wie Basti sich innerlich „abrackert". Es ist ein existenzielles Arbeiten und sich Anstrengen tief in ihm drin. Er muss den Spagat schaffen zwischen seiner Liebe zu Mutter und Oma und seiner Liebe zu seinem Vater, der von den enttäuschten Frauen gern als Horrorkulisse inszeniert wird. „Auf den kann man sich gar nicht verlassen."

Der Junge muss – umgeben von zwei Frauen, die gerade auf Männer nicht gut zu sprechen sind – seine männliche Identität finden, ohne dafür in seiner unmittelbaren Nähe ein Vorbild zu haben. Jemand, der ihm alltäglich zeigt, wie man mit Frauen klarkommt. Es täte Basti gut, wenn jemand die Kämpfe, die er mit sich selbst ausficht, verstehen und anerkennen würde.

Und bei dem ganzen inneren Ringen kommt jetzt auch noch ein neuer Mann für Mama, ein Umzug, der Verlust der Freunde, eine neue Schule … Man kann froh sein, dass der Junge nur ein paar Arbeitsunterlagen versteckt hat und nicht Amok gelaufen ist.

Kinder von alleinerziehenden Eltern bürden sich schnell zu viel Verantwortung auf und rebellieren, wenn sie nicht mehr können. Das gilt besonders für das älteste oder das einzige Kind. Rebellieren heißt: Sie machen ihre Hausaufgaben nicht mehr, verweigern ganz die Schule, halten sich nicht an Abmachungen, werden aggressiv oder krank.

Tipps

 Alleinerziehende Eltern sind extrem beansprucht. Da sie dazu neigen, sich entweder total aufzugeben für ihre Kinder oder – das andere Extrem – abzustumpfen und taub zu werden für deren Bedürfnisse, ist es wichtig, sich ein Netzwerk der Unterstützung aufzubauen und einen Mittelweg zu finden.

 Sie sollten sehen und anerkennen, welche Kooperationsleistung die Kinder – besonders Jungen in einem rein weiblichen Umfeld – vollbringen und welche Illoyalitätskonflikte sie auszuhalten haben.

 Beziehen Sie Ihr Kind in Ihre Entscheidungen ein: Ja, wir gehen in eine neue Stadt. Was könnte es dir erleichtern, die Umstellung zu bewältigen? Soll ich die Eltern deines Freundes fragen, ob er bald nach dem Umzug ein Wochenende bei uns verbringen darf?

Wenn Sie einen neuen Partner haben, sollten Sie sich viel Zeit lassen, ehe Sie ihn den Kindern vorstellen und Zeit miteinander verbringen. Das bedeutet nicht, dass Sie Ihr Leben nur noch nach den Bedürfnissen Ihrer Kinder ausrichten sollen. Doch läuft es für alle Beteiligten besser, wenn Sie die Vorstellungen und Gefühle der Kinder in Ihre Pläne mit einbeziehen.

 Und wenn die Mutter – wie in Bastis Beispiel – mit ihrem Freund zusammenziehen möchte, muss sie ihren Sohn fragen, ob und unter welchen Bedingungen er damit einverstanden ist. Basti bringt ja auch nicht irgendjemanden mit nach Hause und verkündet: „Ab heute wohnt der hier."

 Setzen Sie nicht einfach abstrakte Grenzen (iPad wegschließen). Das bleibt zu sehr an der Oberfläche und verhärtet die Situation nur. Bringen Sie sich als Mensch aus Fleisch und Blut ein, sagen Sie, was für Sie persönlich und unter welchen Bedingungen geht, zum Beispiel: „Ich weiß, der Umzug ist ein großer Einschnitt für dich. Wenn dir Computerspiele Entspannung bringen, kann ich akzeptieren, dass du das im Moment brauchst. Mir ist nur wichtig, dass du in der Schule den Anschluss nicht verpasst und für die neue Schule nicht so ein schlechtes Zeugnis hast. Was kann dir dabei helfen? …"

Hilfe im Haushalt

Fette Fusselratten

Wie schade ist es, dass sich Millionen Eltern über die unaufgeräumten Zimmer ihrer Kinder ärgern. Klamme Sockenknubbel auf dem Teppich, Kaugummipapier zwischen Schulheften, unfertige Puzzles (kaufen Sie niemals ein 1000-Teile-Puzzle), winzige Legobausteine, die sich schmerzhaft in Mutters nackten Fuß prägen. Es ist nicht so, dass mir ein solches Chaos fremd wäre (nein, ich richte jetzt keine Webcam in die Zimmer meiner Kinder, sie würde beschlagen von der schlechten Luft darin, und in dem Wirrwarr der Objekte wüsste der Autofokus nicht, worauf er scharf stellen sollte).

Ich mache innerlich immer das, was ich den Sterbebetttest nenne: „Ist diese Sache so wichtig, dass ich mich in meinem letzten Stündchen damit befassen werde? Werde ich daliegen und hauchen: ‚Verzeiht mir, dass ich euch das Sortieren der Wäsche nicht beigebracht habe‘?" Wohl kaum. Also weg mit dem Ärger.

Was verschwenden wir so viel Energie auf das leidige Thema „Aufräumen"? Schluss damit. Ich betrete die Zimmer meiner Kinder nur noch zum Kuscheln, Vorlesen, Rückenkratzen, Kissenschlachten, Tanzen oder zum gemeinsamen Spaßrenovieren. Und wer möchte, dass einmal pro Woche darin sauber gemacht wird, muss vorher aufräumen, sonst kommt ein Polizeisperrband davor und Mutter zeigt sich unbeeindruckt davon, wenn sich immer längere Spinnfäden von der Schreibtischlampe zum Bücherregal ziehen und die Wollmäuse unterm Bett zu fetten Fusselratten werden.

In der Kommunikation mit meinen Kindern haben sich Türklinkenschilder bewährt, wie man sie aus Hotels kennt.

Am Tag bevor die Frau kommt, die uns einmal pro Woche beim Saubermachen hilft, hänge ich die Aufforderung zum Aufräumen an die Kinderzimmer. Wer nicht aufgeräumt hat, dreht das Schild am anderen Morgen um. Dann weiß unsere Hilfe: Hier ist Sperrgebiet, Betreten unzumutbar.

Das Schöne an den Schildern ist, dass sie nicht rumbrüllen oder die Kinder abwerten. Sie sind aus Pappe, kennen keinen Groll und können keine Sätze schreien wie: „Wie oft soll ich dir noch sagen …" oder „Immer muss ich …" Sie erinnern mich mit ihrer sachlichen Freundlichkeit an unser Navigationsgerät im Auto. „Nach fünfhundert Metern rechts abbiegen …" – „Nach Möglichkeit bitte wenden." Kann nicht jemand da draußen mal ein Navigationsgerät erfinden, das Kindern beim Aufräumen hilft? Es würde sagen: „Bewege dich auf den bunten Haufen 50 Zentimeter neben dem Schrank zu, streiche das T-Shirt glatt, lege die Jeans zusammen, rieche zur Kontrolle an den gestreiften Socken. Du steuerst gerade auf die Spielkonsole zu, bitte wenden, bitte wenden, hänge das Hemd auf einen Bügel, lasse den iPod links liegen, lege die Stifte auf den Schreibtisch, du hast dein Ziel erreicht."

Tipps

 Lassen Sie Ihre Kinder von klein auf im Haushalt helfen. In den ersten Jahren freuen sie sich, wenn sie schon einen Beitrag leisten können. Bremsen Sie sie nicht aus, weil Sie glauben, sie könnten es noch nicht oder würden etwas kaputt machen. Wer diese Geduld aufbringt, profitiert später davon, dass sich die Kinder ans Helfen gewöhnt haben und es gut können.

 Richten Sie zusammen das Kinderzimmer so ein, dass es gut strukturiert ist und viele Möglichkeiten bietet, schnell etwas zu verstauen.

 Räumen Sie nicht ohne Einverständnis der Halbwüchsigen in ihren Zimmern auf.

 Teenager müssen herausfinden dürfen, wo ihre persönliche Chaos- und Dreck-Grenze liegt.

 Wenn die Kinder ihr Zimmer geputzt haben möchten, müssen sie es einmal pro Woche so aufräumen, dass Saubermachen möglich ist.

 Mit Türschildern gibt es weniger Streit.

Wellensittich im Gefrierschrank

Seit ich Kinder habe, verschlinge ich Erziehungsbücher. Das erste habe ich gelesen mit meinem Sohn als Buchständer. Ich stillte ihn und an seinem Bauch lehnte das aufgeschlagene Buch. Heute habe ich ein ganzes Regal davon. Sie enthalten wertvolle Tipps und solche, die einem das Familienleben unnötig schwer machen. Die größte Mär ist zum Beispiel, dass Kinder durch ein Haustier lernen, Verantwortung zu übernehmen. Der einzige Mensch, der lernt, noch mehr und noch mehr Verantwortung zu übernehmen, ist Mama. Neulich saß ich beim Tierarzt. Neben mir die Box mit unserem Kater und seinem Zahnstein. Wenn man andere Mütter treffen möchte, muss man zum Tierarzt gehen. Lenas Mutter wurde von Welpe Emmi an der Leine an mir vorbeigeschleift. Später kam mir Taras Mutter mit dem halbwüchsigen Labrador ihrer Kinder entgegen. Die beiden waren auf dem Weg zur Hundeschule. „Bin nur froh", rief Taras Mutter von der anderen Straßenseite, „dass es da keine Elternabende gibt."

Alle diese Mütter übernehmen Verantwortung für die Tiere ihrer Kinder. Meine Schwestern, ich habe drei, bieten die besten Beispiele dafür. Meine Schwester Nummer Zwei hat den toten Wellensittich ihres Sohnes in den Gefrierschrank neben die Fischstäbchen gelegt, weil sie ihm ermöglichen wollte, nach der Rückkehr von der Klassenreise an der Beerdigung seines Vogels im Garten teilzunehmen. Und Schwester Nummer Drei hat für ihren Sohn in der Stadtwohnung drei Wüstenrennmäuse angeschafft. Leider verstanden sich die Mäusegeschwister nicht. Drei Käfige türmten sich bald in Schwesters Küche. Zum Glück ist sie Architektin. Sie schuf ein Penthouse, in dem jede Maus für sich war. Was ich aber erzählen wollte, ist, dass sie große

Anstrengungen unternahm, den Mäusen Sozialverhalten beizubringen. Das ging so: Immer zwei Mäuse wurden in die trockene Badewanne gelassen, um sich wieder einander anzunähern, und meine Schwester kniete mit wattierten Backofenhandschuhen vor der Wanne, um dazwischenzugehen, sobald sie wieder anfingen, sich zu beißen. Das war ein Tipp aus dem Internet.

Das sind alles Beispiele für das riesige Verantwortungsbewusstsein von Müttern. Wir wissen nämlich alle: So ein Tier ist was für die Seele, für unsere und die unserer Kinder.

Wir haben zwei Katzen. Die Verfasser von Erziehungsbüchern können in unseren Keller kommen und am Füllstand unseres Katzenklos den Verantwortungspegel unserer Kinder ablesen. Manchmal stinkt dieser Pegel. Der meist verwendete Satz in unserer Familie lautet deshalb „Wer ist eigentlich dran mit Katzenklo?". Heute war ich mal wieder „dran mit Katzenklo", weil ich es gemein finde, Tieren, die so sauber sind wie Katzen, die gescheiterte Verantwortungserziehung von Kindern anzuhängen. Meine Kinder haben übrigens Verantwortungsgefühl, ohne dass ich sie mit der Nase in Katzenklos schubsen musste.

Ich habe gestrenge Freundinnen, die würden nie selbst zum Schäufelchen greifen. Eher würden sie das volle Katzenklo oder das trübe Aquarium neben das Kopfkissen des Kindes wuchten, als dass sie den Besitzer des Tieres aus der Verantwortung lassen. Ich finde, wir sollten uns die Freude an Haustieren nicht nehmen lassen, indem wir das Thema aufladen mit der großen Frage nach der Verantwortung. Klar ist das der Job der Kinder, wenn ihnen das Tier gehört. Aber mal ehrlich: Ich habe mir genauso Katzen gewünscht wie meine Kinder. Und es ist mein Mann, der mit Leckerchen rasselnd durch die Nachbarschaft zieht, wenn einer der beiden Tiger nicht zur verabredeten Zeit zu Hause ist.

„Komm mal zu Frauchen!", rief ich neulich unserem Kater zu. „Das ist mein Kater", sagte unsere Tochter bestimmt. „Ich bin sein Frauchen und du bist … du bist sein Omchen."

Tipps

 Ein Tier ist als Seelentröster für ein Kind nicht zu unterschätzen. Schaffen Sie aber nur eines an, wenn Sie auch Tiere mögen und kein Problem damit haben, dass ein nicht unerheblicher Teil der Fürsorge an Ihnen hängen bleibt.

 Wenn Sie noch kleine Kinder haben, nehmen Sie keinen Hund, der viel Auslauf braucht. Dafür ist dann einfach zu wenig Zeit und Sie werden dem Tier oder den Kindern nicht gerecht.

 Bieten Sie anderen Familien an, ihr Tier am Wochenende oder in den Ferien in Pflege zu nehmen.

 Machen Sie Urlaub auf einem Bauernhof. Dann können Stadtfamilien ohne Haustier Nähe tanken zu Viehzeug aller Art.

 Ich habe immer gedacht, ich wäre eher der Typ für einen Hund als für eine Katze. Weil mir ein Hund aber zu viel Arbeit war, haben wir uns für zwei Katzen entschieden. Das hat sich sehr bewährt. Die Tiere sind angenehm autark und trotzdem über Jahre wertvolle Begleiter für die Kinder. Und da wir zwei Katzen haben, können sie gut allein zu Hause bleiben, im Urlaub einmal täglich versorgt von einer Cat-Sitterin.

Erzwungene Hilfsbereitschaft

Bei den Vorbereitungen zur Konfirmation sollte der Konfirmand die Stehtische aus dem Auto holen und ins Wohnzimmer tragen. Ist ja schließlich sein Fest. „Holst du bitte die Stehtische!", brüllte ich die Treppe hoch.

„Ja, gleich."

Stille. Beginnende Verspannung in den Schultern der Erziehungsberechtigten. Schwiegervater stand längst in den Startlöchern, um die Stehtische aufzubauen. Oma hielt die Haustür auf. Es war, als hätte jemand beim Stopptanz die Musik angehalten. Dabei könnte Opa in der „Ja-gleich-Zeitspanne" das Oktoberfest im Alleingang bestuhlen.

Ich blieb eisern. Es ging schließlich nicht um das Ergebnis „Stehtische im Wohnzimmer". Mich trieb eine pädagogische Mission. Kronprinz soll jemand sein, der hilfsbereit ist, der Verantwortung übernimmt, Gemeinsinn zeigt, Tatkraft … Schließlich stand die Heckklappe des Autos so lange offen, dass sich im Kofferraum die ersten Moose bildeten.

Beim nächsten Brüllen benutzte ich den vollständigen Taufnamen des Konfirmanden.

Es half.

Der Konfirmand trug einen – noch mal in Worten „einen" – überzähligen Stehtisch in den Keller. Schwiegervater war aus der mütterlichen Mission ausgeschert und hatte die anderen längst im Wohnzimmer platziert.

Ich sage Ihnen: Das mit dem pädagogischen Sendungsbewusstsein ist des Teufels. Immer wenn ich im Auftrag seiner Majestät der Wertevermittlung unterwegs bin, wird es ungut. Immer wenn ich mit doppeltem Boden kommuniziere, wenn ich sage: „Hol die Mülltonne hoch" und eigentlich meine: „Du bist zu faul, du tust zu wenig für das familiäre

Gemeinwohl. Und jetzt wird ein Exempel statuiert", ist schlechte Stimmung und unterm Strich nichts gewonnen.

Immer wenn ich eine Arbeit, die ich locker im Vorbeigehen hätte tun können, künstlich übrig lasse, weil es ein Lehrstück werden soll, sollte man mich zu den Stehtischen in den Kofferraum stopfen.

Es geht gar nicht um die Mülltonne, die Tische, die Sockenknubbel. Es geht um die Botschaft, die in Leuchtschrift auf meinem Kopf umläuft: „Sieh es ein – ich weiß es besser – du bist nicht gut genug – sieh es ein – ich weiß es besser – du bist nicht gut genug – sieh es ein …"

Niemand mag auf diese Weise belehrt werden. Und für einen Jugendlichen im Zenit der Pubertät ist das wie Pest und Zimmeraufräumen zusammen.

Es geht nicht darum, dass dem Prinzen eine Zacke aus der Krone fallen könnte, wenn er mal mit anpackt, sondern um das verkrampft Künstliche einer solchen Aktion.

Ich bin unbedingt dafür, dass Jugendliche mit dem Fahrrad die Alpen bezwingen, selbst ihr Zimmer streichen oder in Rumänien Kindergärten renovieren. Aber dieses Erteilen von kleinen Alltagslektionen ist für beide Seiten unwürdig.

Zu den schönsten Kindheitserinnerungen meines Mannes gehört, dass er zusammen mit Mutter, Oma und Großtanten am Küchentisch saß und die Bohnen sortierte, die sie im Garten geerntet hatten. Ist das nicht verrückt, dass mein gestandener Mann dieses Erlebnis noch mehr als 30 Jahre später als so beglückend erinnert? Aber wehe, Mutter oder eine der Tanten hätte das eingefädelt, um dem Buben Gemeinsinn einzurichtern. Es wäre nicht zustande gekommen oder überhaupt nicht schön gewesen.

Es geht nicht um den „Trotz, den es zu brechen gilt, nicht um das Teufelchen, das man zum Besten des Kindes austreiben muss, nicht um das Abendland, das in der Seele des Kindes gerettet sein will. In den erziehungsfreien Konflikten gibt es keinen Angriff auf die Seele des Kindes und deswegen auch nicht eine entsprechend vehemente Verteidigung dagegen. Diese Konflikte verlaufen in anderen Bahnen, jenseits von missionarischem Eifer und innerer Not des Erwachsenen und jenseits von Wut, Hass und Verzweiflung des Kindes."[46].

Tipps

 Führen Sie besser am Vortag ein Gespräch mit dem Heranwachsenden: „Es ist noch viel zu tun für dein Fest. Oma, Opa und ich, wir schaffen das nicht alleine. Es muss noch der Rasen gemäht, die Terrasse gefegt und die Stehtische aufgestellt werden. Welche Aufgaben kannst du morgen übernehmen?"

 Halten Sie im Eifer des Geschehens keine moraltriefenden Vorträge, sondern sagen Sie sachlich: „Du hast diesen oder jenen Auftrag übernommen, bis um 11 Uhr muss das erledigt sein."

 Statt dem Jugendlichen zu unterstellen, er sei faul, und mit jedem schmutzigen Teller, dem man ihm unter die Nase hält, ein Exempel zu statuieren, lieber von sich selbst sprechen: „Ich habe Sorge, das alles nicht rechtzeitig zu schaffen. Kannst du mir bitte helfen?" – „Ich bin sehr erschöpft, ich brauche deine Unterstützung."

Als ich mich nach der Stehtischgeschichte auf diese andere Haltung besonnen hatte, trug ich mit neuem Schwung eine Gästematratze in den Keller. „Soll ich dir helfen, Mama?", rief Prinzessin und packte spontan mit an.

Vom Chillen ausruhen

Wenn Teenager freie Tage haben, dann chillen sie. Oder sie müssen sich ausruhen vom Chillen. Oder sie müssen sich ausruhen vom Ausruhen. Ferien sind auf jeden Fall eine anstrengende Angelegenheit. Wenn ich sie frage, ob sie mal den Müll rausbringen könnten, sagen sie gern: „Später, jetzt muss ich mich erst ausruhen."

Ausruhen, wovon noch mal?

Gab es heimlich im Zimmer eine Schwerstarbeit?

Wenn das länger geht, kann die Stimmung richtig schlecht werden. Mein Mann hatte ein paar Tage frei und hat das zum ersten Mal intensiv miterlebt. Er fing an, ein paar pädagogische Projekte anzuschieben, erwähnte, man könnte schon mal anfangen, für die bevorstehende Mathearbeit zu lernen, schlug Prinzessin vor, mit ihr jeden Tag fünf neue Englischvokabeln zu lernen, setzte eine Belohnung aus für Autoaussaugen, fragte Kronprinz dreimal, ob er nicht endlich die Zeitungen austragen wolle, es würde schon bald dunkel.

Ich sah, dass die Laune meines Mannes immer schlechter wurde von der ganzen Chillerei um ihn herum. Schließlich muss er hart arbeiten für sein Geld und es fällt ja nicht alles vom Himmel.

Bei Kaffee und Restkeksen sagte ich ihm, dass ich das schon lange nicht mehr mache, diese Antreiberei, das Peitscheschwingen, die Schallplatte mit dem Sprung, das Augenrollen und den Dauer-Mecker-Modus. Es funktioniert nicht. Und ich bin mir zu schade dafür, mich mit so viel negativer Energie aufzuladen und die Motz-Kuh zu geben. Was bei mir funktioniert, ist die Kartenmethode. Ich schreibe jedem Kind drei Aufträge auf eine Karte, male

Kästen dahinter zum Abhaken (das lieben sie) und setze eine Frist.

Ich reiche die Karten ins Zimmer und muss nicht einmal ein Wort sagen. Neuerdings haben wir jeweils eine Klemme an jeder Zimmertür, sodass ich die Aufträge einfach an die Tür hängen kann.

Die Vorteile sind, dass die Kinder nicht sagen können, sie hätten den Auftrag nicht gehört, sie haben es ja schriftlich. Zudem muss ich ihnen nicht ständig im Nacken sitzen und fühle mich freier für eigene Projekte und schöne Zeit mit ihnen. Schließlich sind sie auch kooperativer, weil sie selbst entscheiden können, wann sie die Jobs erledigen.

Ehrlich gesagt, mögen wir Erwachsenen es auch nicht, wenn uns jemand vorschreibt, wann wir etwas tun müssen. „Ich zähle bis drei, dann ist der Auftrag erledigt." Wenn ein Chef uns so behandeln würde, fänden wir das unwürdig, oder?

Noch ein Nachtrag: Ich schreibe natürlich nicht ständig Karten. Das würde sich abnutzen. Aber wenn meine Kinder sich zu sehr verhalten, als würden sie in einem Fünf-Sterne-Hotel leben, dann hole ich mal wieder meine Karten hervor. Vor allem in den Ferien oder an langen Wochenenden.

Stellen Sie mehrere Hausarbeiten zur Wahl. So eröffnen Sie gar nicht erst die Diskussion darüber, **ob** überhaupt etwas getan werden muss, sondern nur, wer welche Aufgabe übernimmt. Es ist einfach respektvoller und funktioniert deshalb auch besser, ihnen eine Wahl zu lassen.

 Wenn Sie nur ein Kind haben, können Sie die Arbeiten unter sich aufteilen und dem Kind wird klar, dass Sie es nicht mit Aufgaben gängeln wollen, sondern es sieht die Fülle an Arbeit und den Beitrag, den es leisten kann.

 Besonders für jüngere Kinder sind Listen zum Abstreichen ein besonderer Ansporn.

Unechte Fragen

Am Sonntag nach dem Essen fragte ich den Kronprinzen, ob er mir beim Abwaschen helfen würde.

Er sagte: „Nein."

Ich sagte: „Okay."

Während ich die Arbeit allein machte, war ich ganz im Reinen mit uns beiden. Denn mir fiel ein, dass ich Kronprinz am Vortag gefragt hatte, ob er die Spülmaschine ausräumen könnte. Und er hat es gemacht.

„Wer eine Frage stellt, muss auch mit einem ‚Nein' leben können."[47]

Häufig stellen wir Fragen, die gar keine sind, weil der andere nicht wirklich die Wahl hat, was er darauf antwortet. Denn wenn die Antworten „keine Lust", „keine Zeit" oder „warum ich schon wieder?" lauten, werden wir übellaunig. Dabei wollten wir doch wissen, wie die Befragten zu unserem Anliegen stehen. Und wenn sie ehrlich antworten, sind wir auch nicht zufrieden. Wenn ich den ganzen Tag frage: Räumst du den Tisch ab? Machst du endlich das Katzenklo sauber? Stellst du dein Fahrrad in den Schuppen?, sind es versteckte Befehle. Die funktionieren schlecht.

Wenn ich will, dass meine Kinder den Müll herausbringen, dann muss ich es anordnen. „Prinzessin, du bringst jetzt den Müll raus. Danke."

Ich merke, dass es besser läuft, wenn ich diese Klarheit habe: echte Frage oder klarer Befehl. Dann wissen sie, woran sie sind. Inzwischen habe ich ein deutliches Gefühl, wann ich etwas anordnen möchte, weil es höchste Zeit ist, dass die beiden etwas im Haushalt tun, und wann ich einfach nett fragen möchte, ob mir jemand bei einer Arbeit helfen könnte, und es auch okay ist, wenn ich ein ‚Nein' zu hören bekomme. Umso mehr freue ich mich, wenn sie mir in einer Situation zur Seite springen, in der ich gar nicht damit gerechnet habe.

Das Entscheidende ist aber, dass wir alle kooperativer werden, wenn wir erleben, dass unser ‚Nein' respektiert wird. Wahrscheinlich sind das die Hauptgründe, warum es dann besser läuft: mehr Klarheit und mehr Respekt.

Das Schöne ist, dass ich es auch umgekehrt anwenden kann. Wenn Kronprinz mich fragt: „Kann ich heute dein Fahrrad nehmen?", und ich sage „Nein" und dann der Welpenblick kommt, sage ich: „Du hast mich gefragt und heute lautet die Antwort ‚nein'." Das Ganze dauert keine zwei Minuten.

Wer aber in der Familie nicht „Nein" sagen darf, der handelt „Nein".[48]

Wenn Eltern von ihrem Kind erwarten, dass es zum Ballett (Tennis, Karate, Geigenunterricht, Treffen mit Tante Klara) geht und das Kind nicht ‚Nein' sagen kann, weil die Erwartung wie eine Wolke im Raum hängt, wird das ‚Nein' sich einen anderen Weg bahnen: Das Kind wird bockig bei der Wahl der Socken, rastet bei irgendeiner Kleinigkeit aus, bekommt Bauchschmerzen, Ohrenweh, mysteriösen Hautausschlag.

Deshalb ist es gut, sich bei wichtigen Angelegenheiten zu fragen, ob das Kind wirklich ‚Nein' sagen darf. Darf es das nicht, sollte man lieber anordnen: „Heute fahren wir zu Tante Sophie. Ich weiß, dass du dich dort immer langweilst, aber du musst trotzdem mitfahren. Ich könnte dir allerdings anbieten, dass deine Freundin Anna mitkommen darf/wir im Auto das neue Hörbuch hören …"

Warum sollen wir Wahlmöglichkeiten suggerieren, wenn es keine gibt?

Tipps

 Unterscheiden Sie, wann Sie etwas anordnen und wann Sie um Hilfe bitten. Es gibt Situationen, wo Sie als Eltern sagen müssen: „So wird das gemacht!" Auf einem Segelschiff auf hoher See kann auch nicht jeder Handgriff ausdiskutiert werden.

 Wenn es viel Streit um die Hilfe im Haushalt gibt, sollten Sie sich fragen, ob Sie zu wenig Respekt vor dem „Nein" der Kinder haben.

 Wenn Sie nur noch schimpfen und die Kinder nur noch maulen, sollten Sie sich mit der ganzen Familie an einen Tisch setzen: „In letzter Zeit wird mir das einfach zu viel mit dem Haushalt. Ich bräuchte dringend jemand, der eine Runde bügelt, den Müll rausbringt oder Staub saugt. Wer könnte welche Arbeit übernehmen?" Schließen Sie Kompromisse, treffen Sie Vereinbarungen und halten Sie sie schriftlich fest.

 Bei so einer Familienbesprechung geben Sie nicht die Jeanne d'Arc des Wischmopps und jammern nicht, was alles an Ihnen hängenbleibt. Sagen Sie sachlich, wo Sie Unterstützung brauchen.

 Nehmen Sie die Kinderwünsche ernst. Meistens sind sie durchaus bereit zu helfen, machen aber lieber den Abwasch als Staub zu saugen, helfen lieber am Freitagabend, um dafür den Samstag frei zu haben …

 Lassen Sie Ihr Kind die Erfahrung machen, dass es auch „Nein" sagen darf.

Sich locker gut benehmen

Feindliche Übernahme in der Sandkiste

Steven R. Covey, amerikanischer Managementberater und neunfacher Vater, kam eines Nachmittags zu der Geburtstagsfeier seiner dreijährigen Tochter nach Hause. Viele große und kleine Gäste waren versammelt, aber die Stimmung war schlecht, weil das Geburtstagskind in einer Ecke saß und trotzig seine Geschenke umklammerte. Keines der anderen Kinder durfte damit spielen. Covey hockte sich zu seinem Kind und sagte Sätze wie:

„Schatz, würdest du bitte das Spielzeug, das deine Freunde dir mitgebracht haben, mit ihnen teilen?"

„Nein!"

„Schatz, wenn du heute die anderen Kinder mit deinen Geschenken spielen lässt, darfst du sicher ein anderes Mal auch mit ihren Geschenken spielen."

„Nein!"

Coveys Verlegenheit wuchs. Schließlich wussten alle, dass er an der Uni Kurse gab über das Gelingen zwischenmenschlicher Beziehungen. Und nun konnten sie erleben, wie er zu Hause versagte.

„Schatz", diesmal flüsterte er, „wenn du deine Sachen teilst, gebe ich dir einen Kaugummi."

„Nein", schrie diesmal der Schatz, „ich will keinen Kaugummi."

Da Covey, der überzeugte Christ, den Wert des Miteinander-Teilens besonders hoch hielt, riss er seiner Tochter das Spielzeug aus der Hand und gab es den anderen Kindern. Dann fiel ihm auf, dass er Gewaltverzicht, den anderen christlichen Wert, dafür missachtet hatte. Später schrieb er, dass seine Frau und er sich als Eltern weiterentwickelt hätten. Seit jener Party wüssten sie, dass Kinder Entwicklungsphasen durchlaufen würden und es nicht realistisch sei, diese Art des Teilens von Kindern unter fünf oder sechs Jahren zu erwarten.[49] „Kleine Kinder haben … das Bedürfnis, ihr Spielzeug zu besitzen, bevor sie bereit sind, es mit anderen zu teilen."[50]

Genauso wie Babys auch erst Worte hören müssen, ehe sie selbst welche bilden können, wie sie erst krabbeln können müssen, ehe sie laufen lernen, müssen sie auch erst besitzen dürfen, um etwas teilen, ausleihen oder verschenken zu können.

Das ist einleuchtend, oder?

Trotzdem ist die Sache mit dem Teilen ein berüchtigter Stressfaktor für Eltern. Bei der großzügigen Ausgabe von Schaufel und Förmchen, beim Durchbrechen von Salzstangen und beim Verteilen von Gummibärchen sollen sie zum ersten Mal soziales Verhalten beweisen. Alle sitzen im Kreis und warten auf die wundersame Keksvermehrung. Das ist das klassische Feld, auf dem Eltern einen guten Eindruck machen wollen. „Seht her, so sozial ist mein Kind!"

Tipps

 Verstehen und akzeptieren Sie, dass Kinder unter sechs Jahren noch nicht teilen können. Machen Sie kein großes Aufheben darum.

 Fragen Sie sich: „Geht es hier darum, dass ich als Mutter oder Vater einen guten Eindruck mache?" Wenn es nur das ist, kann ich vielleicht den anderen auch mal zumuten, dass mein Kind seine Sachen nicht abgibt.

Mischen Sie sich möglichst nicht ein, wenn Kinder streiten. Nur wenn die Situation zum Beispiel auf einem Kindergeburtstag oder auf einem Spielplatz total festgefahren ist und es immer die gleichen Kinder sind, die etwas wegnehmen oder sich etwas wegnehmen lassen, sollte man einschreiten.

 Verstehen Sie, dass Kinder das Teilen nicht dadurch lernen, dass man sie zwingt, etwas abzugeben.

 Auf lange Sicht teilen Kinder ihre Süßigkeiten oder ihr Spielzeug, wenn sie ihre Eltern als großzügig erleben.

Der letzte Punkt ist mir besonders wichtig. Die Wahrscheinlichkeit, dass ich großzügig werde, ist höher, wenn ich selbst Großzügigkeit am eigenen Leib erfahren habe. Das zeigen auch Untersuchungen über die Entstehung von Mitgefühl. „Je feinfühliger die Mütter mit ihren zweijährigen Kindern umgegangen waren, umso mehr Mitgefühl und prosoziales Verhalten zeigten diese im Alter von fünf Jahren."[51]

Wenn ich mein Kind zwinge, anderen etwas abzugeben, mag das auf Dauer auch funktionieren. Aber dann bringe ich meinem Kind bei, nicht auf das eigene Gefühl zu hören, sondern zu tun, was andere von ihm erwarten. Das möchte ich nicht. Ich möchte, dass meine Kinder „Aus-vollem-Herzen-Menschen" sind. Menschen, die aus vollem Herzen etwas schenken, teilen und auf andere eingehen. Alles andere hat doch keinen Wert, oder?

Wie heißt das Zauberwort?

„Danke, dass ich da sein durfte." Eric (11) steht in der Haustür und verabschiedet sich nach einem Nachmittag mit Prinzessin (11).

„Danke, dass ich da sein durfte." Das höre ich auch Prinzessin sagen, wenn ich sie von einer Verabredung abhole. Das hat sich seit einiger Zeit eingebürgert. Sie können einen Nachmittag verbracht haben, an dem ein Schimpfwort das andere gab oder Rülpswettbewerbe stattgefunden haben. Und dann nehmen sie ihre Jacke und sagen: „Danke, dass ich da sein durfte."

Dieser Ausbruch an Höflichkeit irritiert mich jedes Mal. Ist das eine regionale Besonderheit oder sagen das auch die schlimmsten Lümmel in Bayern? Wahrscheinlich waren sie rauchen hinterm Schuppen, verscharren noch kurz die Kippen und sagen der Gastmutter zum Abschied: „Danke, dass ich da sein durfte."

Wir Eltern von heute haben diese formelhafte Höflichkeit ja längst überwunden. Wer früher einen Knicks bei Tante Hannelore machen und sich für das zehnte Aussteuerhandtuch bedanken musste, verfällt bei der Erziehung der eigenen Kinder leicht ins Gegenteil. Sich zu bedanken wird schnell als spießig empfunden. Nur wenn die Freude drei Bewusstseinsebenen tief gefühlt wird, dürfen Kinder „danke" sagen.

Soll man Kindern beibringen, die „Danke"-Formel runterzurattern oder soll ich Prinzessin zur Seite nehmen und sagen: „Schatz, sage so etwas nur, wenn es authentisch ist." Dankbarkeit ist eine wichtige Grundhaltung im Leben. Wer sich bedankt, gibt dem Gefühl Ausdruck, beschenkt worden zu sein. Und es funktioniert auch andersherum: Weil ich mich bedanke, entsteht ein Gefühl des Beschenkt-worden-Seins. Ich kann mich damit selbst froh machen. Dank ist außerdem Anerkennung. Und Beziehungen aller Art funktionieren nur bei gegenseitiger Anerkennung.

Ich würde meine Kinder nie zwingen, sich für ein völlig achtloses Geschenk zu bedanken, nur damit die Form gewahrt wird. Aber natürlich erinnere ich sie daran, Oma und Opa anzurufen, wenn die zum Geburtstag liebevoll ein Päckchen geschnürt haben mit Geschenk und Karte oder sogar einem selbst gebackenen Kuchen.

Auf die Spur der Dankbarkeit bringt man Kinder am wirksamsten, wenn sich Eltern auch bei ihren Kindern bedanken. Natürlich nicht für jede Kleinigkeit. Das nutzt sich ab. Aber neulich habe ich mich bei Prinzessin in einem stillen Moment dafür bedankt, dass sie so unkompliziert ist. Wenn wir als Familie etwas unternehmen und die Männer wollen Currywurst und Prinzessin will Kaugummi-Eis, dann ist sie oft diejenige, die einlenkt und sagt: „Komm, dann nehme ich auch eine Currywurst."

Man neigt dazu, so etwas für selbstverständlich zu halten, und stürzt sich lieber auf die Defizit-Meckerei. Aber Prinzessin hat sich sichtlich über meine Anerkennung gefreut.

Ich erlebe auch Phasen der Dankes-Dürre. Wo ich denke, Mensch, was habe ich mir für eine Mühe gegeben, und die Brut nimmt alles für selbstverständlich. Aber dann höre ich plötzlich „danke" in Momenten, in denen ich gar nicht damit gerechnet habe. Neulich wollte ich die Salatschleuder in den Schrank räumen, als Prinzessin von hinten kam, mich umschlang und völlig unvermittelt sagte: „Danke, dass du meine Mama bist." Mensch, dabei hatte ich die Schleuder gerade erst abgetrocknet, schnief …

Gehen Sie als Erwachsene respektvoll miteinander um. Dann können Kinder auf lange Sicht gar nicht anders, als es zu übernehmen.

 Bei Geschenken für kleinere Kinder kann man ruhig mal sagen „Wie heißt das Zauberwort?" oder „Was sagt man?". Das tun Erwachsene gefühlt seit dem Kaiserreich. Aber bitte nicht zu verbissen und Kinder nicht nötigen, das erlösende Wort zu sagen.

 Allerdings finde ich es in Ordnung zu erinnern „Wolltest du dich nicht noch bei Tim für das Geschenk bedanken?", aber locker bleiben. Einüben, ja, zwingen, nein.

 Wenn vom Kind kein „Danke" oder keine Begrüßung kommt, kann man einfach lachen und sagen: „Dann bedanke ich mich mal im Namen meiner Tochter" oder „Dann sage ich mal für uns alle ‚hallo'". Machen Sie aus dem Thema Umgangsformen keinen Kampf, aber zeigen Sie ruhig, wie es geht.

Mitteleuropäischer Standard

Als die Fußballweltmeisterschaft begann, hat Kronprinz mit ein paar Freunden ein Deutschlandspiel bei uns im Wohnzimmer angesehen und zwischendurch auf der Terrasse gegrillt. „Wir gehen dann mal", rief ich meinem Sohn zu, denn mein Mann und ich waren in der Nachbarschaft eingeladen. „Also, dann tschüss." Ich reckte mich ein wenig, um zu sehen, wer sich draußen eingefunden hatte. „Wir sind jetzt also wirklich weg." Ich grüßte wie Queen Mum bei Paraden und drehte mich zur Haustür, als zwei der Jungs schnell ins Wohnzimmer liefen. Sie begrüßten uns, bedankten sich für die Einladung und wünschten uns einen schönen Abend. Das klingt nach einstudierter Höflichkeit, aber die beiden traten selbstbewusst auf, waren locker und ungezwungen.

Ich bin ja nicht für Dressurnummern, aber das war einfach schön. Mein Mann empfand es auch so.

Am nächsten Morgen beim Frühstück sagten wir dem Kronprinzen, dass wir uns sehr über diese Geste von Jasper und Paul gefreut hätten und wagten zu fragen, ob sich der eigene Nachwuchs bei anderen Leuten auch so verhalte.

Unverständliches Grummeln über den Brötchen.

Wir wurden kühn und legten noch nach. „Wir fänden es schön, wenn ihr das bei anderen Leuten auch machtet, also ‚hallo' sagen und sich kurz vorstellen."

Nachher dachte ich darüber nach, ob es nicht zu weit ging, das zu sagen. Wünsche ich mir nicht, dass meine Kinder aus sich heraus herzlich sind? Will ich, dass sie es tun, weil ihre Eltern es erwarten oder sie einer Konvention folgen? Sollten sie nicht authentisch sein?

Der größte Verfechter von Authentizität ist der dänische Familientherapeut Jesper Juul. Wenn Juul Familien auf der

Straße trifft, die er kennt, und diese bringen ihre Kinder dazu, ihm die Hand zu geben, ist ihm das unangenehm. Ihm genüge der Blickkontakt zum Kind und darin könne er lesen, ob das Kind sich freue ihn zu sehen oder nicht. In südlichen Ländern würden die Eltern ihre Kinder sogar dazu nötigen, ihn zu küssen. Dann würde er sagen, dass er das nicht wolle.

Das Eintreten für Authentizität durchzieht sämtliche Bücher von Juul. Wir Eltern sollen das Rollenspiel sein lassen, nicht tun und sagen, was andere erwarten, uns persönlich ausdrücken, keine floskelhafte Höflichkeit, sondern uns und unseren Kindern erlauben, zu zeigen, wer wir wirklich sind.

Ich halte das auch für sehr wichtig. Aber heißt das, dass soziale Standards gar keine Rolle mehr spielen sollen? Sage ich nur dann „hallo" und „danke für die Einladung", wenn mir in jeder Faser meines Herzens danach ist?

Man kann das mit der Authentizität übertreiben. Es gibt Leute, die sind so authentisch, dass sie schwer für andere und sich selbst zu ertragen sind. Was ist denn authentisch? Immer das, was ich gerade fühle? Dann sind die Gefühle der Chef und steuern mich. Gefühle sind wichtige Signale, aber sie dürfen uns nicht komplett in der Gewalt haben. Bei Juul fehlt mir ein Aspekt, und dieses Phänomen fasziniert mich wirklich: Ich kann etwas tun, wonach mir eigentlich nicht ist, und diese Tat verändert mich und meine Gefühle.

Wenn unsere Kinder sich angewöhnen, freundlich auf andere Menschen zuzugehen, wird auch ihnen mehr Freundlichkeit entgegengebracht. So wird ihr Leben nicht nur besser funktionieren, sondern wir heben uns damit gemeinsam auf ein höheres Atmosphäre-Level.

Tipps

 Leben Sie Dankbarkeit als Haltung und reden Sie mit Jugendlichen darüber, damit sie nicht auf die Idee kommen, die Welt sei darauf ausgerichtet, sie glücklich zu machen. Nur so lernen sie, selbst einen Beitrag in der Welt zu leisten und die Beiträge anderer anzuerkennen.

 Bedanken Sie sich auch bei Ihrem eigenen Kind und nehmen nicht alles für selbstverständlich. So wie ich nur mitfühlend werden kann, wenn ich Mitgefühl für mich selbst erlebt habe, kann ich auch nur dankbar werden, wenn ich die Freude dankbarer Anerkennung am eigenen Leib erfahren habe.

 Ein „Hallo" oder „Guten Tag, ich bin der Franz" ist mitteleuropäischer Standard und zu beherrschen wie Zähneputzen. Aber ob ein Kind Oma küssen oder Onkel Frank umarmen möchte, sollte es selbst entscheiden dürfen.

Die Zwangs-Beglückung

Wir haben eine Reihe von DVD-Abenden gestartet, an denen wir den Kindern einen Film zeigen, der uns persönlich viel bedeutet. Angefangen haben wir mit „Das Leben der anderen" von Florian Henckel von Donnersmarck, an diesem Sonntag war „Gandhi" von Richard Attenborough dran.

Wegen der Überlänge wollten wir zeitig anfangen, aber dann hatte der eine noch dies im Zimmer zu erledigen und die andere noch jenes am Computer zu recherchieren. Bei uns Eltern machte sich eine leichte Missstimmung breit. Und zwar die Sorte Missstimmung, die bei Eltern epidemisch ist. Es handelt sich um folgendes Gefühl: Da-tun-wir-so-viel-für-euch-und-wer-dankt-es-uns?-Niemand!!!

Schließlich haben wir den Film doch gesehen. Alles war gut. Und Kronprinz und Prinzessin zeigten sich so beeindruckt, dass der Elternsegen nicht mehr schief hing. Aber als im Vorfeld dieses Gefühl in mir aufkam, nahm ich mir vor, es schreiberisch zu umzingeln, weil es von allen Elterngefühlen die Pest ist.

Denn eines muss man sagen: Weder Kronprinz noch Prinzessin haben uns mit einem Wort darum gebeten, eine „Pädagogisch-wertvoll-DVD-Reihe" zu starten. Es war unsere Idee. Eine schöne Idee, keine Frage. Aber trotzdem eine Idee der Kategorie „Zwangs-Beglückung". Und wenn wir dann eingeschnappt sind, wenn die Kinder nicht sofort „juhu" schreien, ist das unfair.

Wir wohnen in einem Umfeld mit viel Zwangs-Beglückung. Schon die Kleinsten erhalten hier schulische, motorische, sportliche, musische, berufliche und finanzielle Förderung in einem hohen Maße. Da werden zusammen Referate geschrieben, Taxidienste geleistet, Geigen angeschafft, Auslandsaufenthalte ermöglicht, Praktika besorgt und Nachhilfe finanziert.

Einige Punkte davon tun auch mein Mann und ich für unsere Kinder.

Seine Kinder zu unterstützen und ihnen vieles ermöglichen zu können, ist schön. Mir ist nur aufgefallen, dass wir und manche Eltern im Freundeskreis häufig zu viel und vor allem ungefragt etwas tun. Damit manövrieren wir uns selbst in eine große Enttäuschung, fast Verbitterung hinein. Und natürlich geben wir dem Jugendlichen, diesem Taugenichts, die Schuld daran.

„Da habe ich ihr die Einleitung vom Referat geschrieben und sie meckert, dass da Fehler drin waren." – „Da besorgen wir ihm so ein tolles Praktikum und er kommt nicht in die Gänge, die Unterlagen dafür abzuschicken." – „Da fahre ich ihn zum Tischtennis und er meckert, dass er nicht vorne sitzen darf."

Damit das nicht aufkommt, sollten Sie Folgendes beachten:

Tipps

 Tun Sie für Ihre Kinder möglichst nur, was Sie von Herzen gern tun, und genießen Sie es in vollen Zügen. Da Sie kein Opfer erbracht haben, werden Sie auch keine Gegenleistungen erwarten.

 Alles, was Sie nicht tun, macht die Kinder selbstständiger und schadet ihnen nicht (die Kleinen brauchen natürlich eine Grundfürsorge, aber davon ist hier nicht die Rede). Also brauchen Sie kein schlechtes Gewissen zu haben, wenn Sie mal nicht „Gewehr bei Fuß stehen".

Es kann sein, dass ich Kronprinz bei schönstem Sonnenschein zum Saxofonunterricht chauffiere, weil ich ihn den ganzen Tag nicht gesehen habe und ein paar Minuten im Auto mit ihm genießen möchte, …

 … es kann aber auch sein, dass es regnet und er radeln muss, weil ich gerade dringend etwas anderes tun möchte. Hier gibt es kein „richtig" oder „falsch".

 Wer sich nicht bedankt, dem brüllen Sie fröhlich hinterher: „Danke, Mama!" Und das gewünschte Echo kommt direkt. „Danke, Mama!" (Ich muss zugeben, dass sich Kronprinz und Prinzessin – vielleicht dank der Echo-Methode – inzwischen für Sachen bedanken, bei denen ich gar nicht damit gerechnet habe.)

 Machen Sie sich bewusst, wann es sich um eine Zwangs-Beglückung von Elternseite handelt und Sie nicht automatisch Dankbarkeit erwarten können. Bei anhaltend schlechter Stimmung sollten Sie sich fragen, ob Sie gut genug zuhören oder ob Sie dem Rest der Familie nicht permanent etwas aufdrängen, was gar nicht erwünscht ist.

Für ein starkes Selbstgefühl

Respekt beim Bäcker

Im großen Einkaufszentrum wartete in der Schlange beim Bäcker ein Mann mit seinem Sohn. Der Junge, etwa fünf Jahre alt, kletterte – wie alle Kinder – auf die Taschenablage. „Komm da runter, Lennard, das darf man nicht." – „Wieso?", fragte der Junge. „Das, das … steht da", sagte der Vater. „Wo denn?" – „Ja, da irgendwo."

Mein Blick wanderte die ganzen Auslagen entlang, suchte zwischen Laugenwecken und Semmeln im Regal. Nirgendwo ein Schild.

„Ich sehe nichts, du lügst, Papa!" – „Doch, du musst nur mal genau gucken." Der Junge suchte fieberhaft. „Wo steht das denn?" Er weinte fast. Vater scannte das weibliche Publikum im Laden, räusperte sich und sagte: „Das steht da in Blindenschrift auf den Mohnbrötchen."

„Bommm, bomm!" Voller Zorn trommelte der Junge auf die Scheibe der Auslage.

„Recht so, Lennard", dachte ich, „dein Papa lügt dich an und reißt auf deine Kosten altbackene Witze in der Öffentlichkeit. Trommel ruhig, bis der Bienenstich zittert."

Unser Backstuben-Comedian aber gab jetzt den durchsetzungsfähigen Vater: „Jetzt reicht es aber, Lennard." Er packte den Jungen grob und zerrte ihn von der Taschenablage.

Was dachte dieser Vater? Dass Lennard ja „nur" ein Kind ist? Dass es irgendwie putzig ist, wenn er wütend wird? Dass wir Mütter im Laden beeindruckt sind von seinem pädagogischen Winkelzug?

Vielleicht wusste er nicht, dass Kinder, bis sie etwa acht oder neun Jahre alt sind, keine Ironie verstehen. Aber ein Blick auf seinen Sohn hätte gereicht, um zu merken, dass er ihn gerade unglücklich macht. Er hätte ihm ruhig verbieten können, auf die Taschenablage zu klettern. Sogar ohne Angabe von Gründen. Aber ihn anflunkern und sich öffentlich über seine Gefühle lustig machen?

Vielleicht mag mancher denken, dass ich übertrieben streng bin mit diesem Vater. Aber wenn ich an etwas glaube, dann daran, dass kaum etwas so wichtig ist wie unsere innere Haltung zu unserem Kind. Habe ich Respekt vor dieser einzigartigen Person, die mein Kind ist? Wenn nicht, kann ich selbst keinen von ihm erwarten.

Wenn ich mein Kind nicht achte und keine Gelegenheit auslasse, es zu beschämen, fliegt mir diese Art von „Erziehung" spätestens in der Pubertät um die Ohren.

Im Elterntraining wäre das jetzt der richtige Moment für die Skizze, die zeigt, wie ERZIEHUNG auf Säulen steht und von dem Fundament BEZIEHUNG getragen wird. Ich würde mit dem Marker auf den Sockel klopfen und sagen, dass Erziehung ohne Beziehung nicht funktioniert und dass man jede Einflussnahme auf das Kind in die Tonne tun kann, wenn die hier – resolutes Klopfen auf die Säulen – nicht stabil sind.

Bei einer guten Gruppe herrscht jetzt eine feierliche Stille.

Ich liebe diesen Moment, wenn ich eine große Wahrheit in den Raum schleudern darf und alle Gespräche verstummen. In der Stille kann ich noch „Achtsamkeit", „das Kind sehen" und „Respekt" quer auf die Säulen schreiben. Man hört nur das Quietschen des Markers.

Tipps

 Bis sie acht oder neun Jahre alt sind, verstehen Kinder keine Ironie. Man sollte sich generell nicht über sie lustig machen.

 Lachen Sie lieber mit ihnen und machen viel Quatsch zusammen.

 Achten Sie die Gefühle von Kindern genauso wie die Gefühle von Erwachsenen.

 Wenn das Erziehen schwierig wird, kann ich davon ausgehen, dass etwas mit unserer Beziehung nicht stimmt. Ohne eine gute Beziehung kann ich nur schwer Einfluss nehmen auf mein Kind.

 Die Achtung vor der Persönlichkeit des Kindes ist die Basis dafür, dass es ein gutes Selbstgefühl entwickeln kann.

Das Federkleid

In diesen Tagen habe ich mich wieder ertappt. Ich habe ein Bild in meinem Kopf, wie meine Tochter sein sollte. Sie passt aber nicht in dieses Bild. Und ich weiß, was ich mache, ist genau das, was ich immer vermeiden wollte, und mache es trotzdem.

Aber der Reihe nach.

Ich hatte ein Kleid für Prinzessin zu ihrem zwölften Geburtstag bestellt, ein grafitfarbenes Etuikleid mit Federkragen. Ich hatte mir viel Mühe gegeben, mich durch das ganze Angebot im Internet geklickt, endlich eins gefunden, das ihr gefallen würde. Direkt nach Weihnachten wurde der Karton geliefert. „Ich habe eine Überraschung für dich!" Vorsichtig hob ich den Deckel ab, löste feierlich den Kleber von dem raschelnden Seidenpapier. Da kam zum Vorschein, wovon ich geträumt hatte: ein schmales Kleid aus feinem Stoff, um den Halsausschnitt ein irrlichterndes Schimmern der feinen Federchen, von denen einzelne, elektrisiert vom Seidenpapier, über dem Gewebe schwebten.

Prinzessin schnappte sich das Kleid und verschwand zum Anprobieren. Mein Mann und ich warteten neben dem offenen Karton und hielten den Atem an. Auftritt einer Prinzessin in Grafit. Das Kleid wie auf den Leib geschneidert, die Federn schmeichelten dem feinen Schnitt ihres Gesichts. „Jetzt noch die Haare hochgesteckt", dachte ich und wollte schon eine Spange suchen.

Prinzessin aber zog die Nase kraus. Krausestes Kraus.

„Ehrlich gesagt", sagte sie, „ist das nicht mein Stil."

„Okay." Ich machte auf unbekümmert, warf die Rechnung aus dem Handgelenk zurück in die Schachtel. „Kein Problem, ich schicke das zurück." Ein schiefes Lächeln sollte meine Enttäuschung zudecken. Prinzessin huschte auf Socken aus dem Raum. Ich sackte auf den Stuhl.

Mir war danach, zu meinem Mann zu sagen: „Guck, da gebe ich mir so viel Mühe für sie und dann ist es wieder nicht richtig, ich arme aufopfernde Mutter."

Mein Mann sagte: „Ist doch toll, dass sie so klare Vorstellungen hat."

In unserer Generation ist es verpönt, seinen Stil, seine Erwartungen, seine Ziele auf das Kind zu projizieren. Wir haben einen Meter Bücher darüber gelesen. Manche waren in Therapie, haben von Sitzung zu Sitzung ihre verschüttete Persönlichkeit wieder ausgegraben. Wir haben die Erwartungen, die unsere Eltern an uns hatten, über Bord geworfen und sind fest entschlossen, niemals den Hauch einer Erwartung an unsere Kinder zu haben.

Und nun? Die Erwartungen kommen durch die Hintertür wieder herein. Es sind neue Erwartungen, andere als die, die unsere Eltern an uns hatten, manchmal genau das Gegenteil von dem. Und doch sind es Erwartungen.

Für so ein Kleid mit Federkragen hätte ich als Elfjährige meine Rollschuhe versetzt. Für meine Elfjährige ist es der typische Missgriff verpeilter Erwachsener.

Unsere Erwartungen kommen in einem anderen Kleid daher. Sie tragen nicht mehr Faltenrock und Mokassins, sie tragen verwegene Federn und schulterfrei, aber es sind Erwartungen.

Machen Sie sich bewusst, welche Erwartungen Sie an Ihr Kind haben. Das Bewusstmachen ist der erste Schritt, um dieses Bild, das man im Kopf hat, wieder löschen zu können. Genießen Sie Ihr Kind so, wie es ist.

 Hören wir auf mit unserem Übereifer! Kaum sehen wir Eltern irgendwo ein Bedürfnis unserer Kinder, müssen wir es stillen. Und die Kinder kommen kaum dazu, selbst zu merken, was sie brauchen und sich auf eigene Faust darum zu kümmern.

 Lasten Sie Ihren Kindern nicht die Anstrengungen an, die Sie sich selbst auferlegt haben („Ich habe mir doch so eine Mühe für dich gegeben!"). Prinzessin hatte gesagt, sie würde gern mal wieder ein Kleid haben. Aber sie hatte den Wunsch weder dringlich gemacht, noch hatte sie mich gezwungen, mir dafür Arme und Beine auszureißen. Wie komme ich also dazu, sie dafür verantwortlich zu machen, dass ich das Kleid wieder zurückschicken muss?

Prinzessin und ich haben am Abend noch einmal im Internet geguckt. Diesmal zusammen. Nach fünf Minuten hat sie ein Kleid gefunden, das ihr gefiel. Es gab in ihrer Traumfarbe und in ihrer Größe noch ein Exemplar davon. Und mir gefällt es auch.

Für die Zukunft werde ich den Rat von Kronprinz befolgen, der da lautet: „Chill' dein Leben, Mama!"

Daumen rauf, Daumen runter

Bei einer Umfrage[52] in deutschen Unternehmen wurden die Beschäftigten gefragt, was sie sich von ihren Chefs wünschen. Interessanterweise war auf Platz 1 der Wunschliste nicht mehr Geld, mehr Urlaub oder ein größeres Büro, sondern mehr Anerkennung. „Lob hat … direkte Auswirkungen auf den Hormonhaushalt, der die Arbeitsbereitschaft und Arbeitsfähigkeit steuert", schreibt der Mediziner und Psychotherapeut Joachim Bauer.[53]

Anerkennung ist ein wichtiges Thema für uns alle, für Kinder besonders, weil sie ihr Selbstgefühl erst entwickeln müssen. Wir Erwachsenen wissen, wie fundamental ein gesundes Selbstgefühl für das ganze Leben ist und überschütten Kinder gern mit Lob. Ganz nach dem Motto: Viel hilft viel.

Leider kann das dazu führen, dass Kinder abhängig werden von Anerkennung von außen und gerade dadurch kein gesundes Gefühl für sich selbst aufbauen können.

Wieder einmal haben wir hier ein Thema, das komplexer ist als einem lieb ist. Für meine Elternkurse habe ich einen kleinen Test entwickelt. Zu jeder Beispielsituation gibt es drei oder vier vorgeschlagene Reaktionsmöglichkeiten zur Veranschaulichung. Für welche Reaktion würden Sie sich entscheiden?

1. *Lasse (2) ist mit seinem Vater auf dem Spielplatz. Ganz allein ist er ein kleines Klettergerüst hinaufgeklettert und winkt von oben: „Papa, guck mal!"*

a) „Super, Lasse! Toll machst du das!"
b) Hingucken und winken. „Hallo, Lasse, ich sehe dich. Ganz schön aufregend da oben, oder?"

c) „Ja, schön, aber fall bloß nicht runter. Da kannst du dir richtig wehtun."

d) Sie unterhalten sich weiter mit dem anderen Vater.

zu a) Hier liegt ein Missverständnis vor. Kinder in Lasses Alter wollen nicht bewertet werden, wenn sie sich den Eltern bemerkbar machen. Sie kommen gar nicht auf die Idee, dass das Heraufklettern auf das Klettergerüst eine Leistung sein könnte. Wenn sie rufen „Guck mal!" wollen sie nur in ihrer Existenz bestätigt werden. Mit unserer Bewertung bringen wir Lasse erst auf die Idee, er könnte beim Bezwingen des Gerüsts etwas falsch oder schlecht machen.[54]

zu b) Genau das ist gemeint mit „Kinder in ihrem Sein bestätigen". Ideale Reaktion!

zu c) Wenn die Eltern immer ängstlich sind und das Schlimmste befürchten, machen sie auch ihre Kinder ängstlich und ungeschickt.

zu d) Das ist auch völlig okay. Kinder brauchen nicht jede Minute eine Bestätigung ihrer Existenz. Es ist ja nur natürlich, dass Erwachsene eigene Bedürfnisse haben. Und das sollten Kinder auch erfahren.

2. *Die vierjährige Charlotta hat ein Bild gemalt und zeigt es ihrer Mama.*

a) Mama überschlägt sich vor Begeisterung: „Das ist ja gaaaaaaaaanz toll, mein Schatz! Vielen, vielen Dank! Du kannst so prima malen!"

b) „Das ist ganz schön geworden, aber bei dem Haus könntest du dir noch mehr Mühe geben. Versuche mal, nicht über die Linie hinaus zu malen. Und die Sonne ist natürlich nicht blau. Hast du schon mal eine blaue Sonne gesehen?"

c) „Hast du das für mich gemalt? … Danke!" Mutter schaut sich das Bild genau an. „Das sind genau die Farben, die ich mag. Der Mann neben dem Baum sieht irgendwie furchterregend aus. Ist das ein Räuber?"

zu a) Ähnlich wie bei Lasse auf dem Klettergerüst hatte Charlotta gar nicht im Sinn, dass es hier um Malkünste oder einen Leistungsanspruch ging. Das Mädchen will in Kontakt zu seiner Mutter treten, die Verbindung stärken und ihr eine Freude machen. Es möchte gesehen werden in seinem Tun. Und so eine übertriebene Reaktion wie die der Mutter hier nutzt sich auf die Dauer ab.

zu b) Beim Malen besonders bei Kindern gibt es kein falsches Malen. Wahre Kunst entsteht da, wo eine Sonne kariert sein und eine Tanne auf der Spitze stehen darf. Beim Malen können Kinder ihre Gefühle zum Ausdruck bringen und Erlebnisse verarbeiten. Das sollte möglichst in keiner Weise gelenkt oder bewertet werden.

zu c) Die Mutter nimmt sich Zeit, das Bild genau anzuschauen. Statt einem undifferenzierten „Gaaaaaaaaaanz toll!" würdigt sie das Werk und nimmt damit auch das Kind ernst. Das kann und sollte man nicht bei jeder Krikelei machen, aber mit der Zeit bekommen Eltern ein Gefühl dafür, ob es sich um ein ambitioniertes Werk handelt oder nicht. Gäbe es Punkte, bekäme diese Reaktion die Höchstwertung.

3. *Der elfjährige Tom erzählt, dass er in der Matharbeit eine ,Zwei' hat.*

a) Mutter: „Klasse, wie ist die Arbeit denn insgesamt ausgefallen? Luis hat bestimmt wieder eine ,Eins', oder?"

b) Mutter: „Wow, da hast du dich ja deutlich gesteigert. Lass mal sehen." Mutter schaut sich das Heft an und stellt Fragen.

c) „Klasse! Zeig mal!" Vater blättert in der Arbeit: „Ach, Mensch, eine ‚Zwei' ist schön, aber das sind ja Leichtsinnsfehler! Hast du dich mal wieder nicht konzentriert!?"

zu a) Ich muss mich immer sehr beherrschen, weil ich zu gern wüsste, wie Lea, Sophie, John und Alina abgeschnitten haben. Aber wir alle wissen: Nicht vergleichen! Was sollte es über mein Kind aussagen, dass es in Mathe besser oder schlechter ist als andere Kinder. In dem Notenspiegel, den die meisten Lehrer unter die Arbeit schreiben, kann ich ja sehen, wie mein Kind im Klassenvergleich steht. Wenn ich es aber inquisitorisch nach den Noten seiner Mitschüler frage, infiziere ich es mit dem furchtbaren Virus der „Vergleicheritis". Nicht machen!

zu b) Hier haben wir eine Vorzeigemutter, die in unserem Test die höchste Punktzahl bekommen würde. Sie vergleicht das Kind nur mit sich selbst („Du hast dich gesteigert"), nicht mit anderen, erkennt seine Leistung an, und zwar nicht wegwischend pauschal, sondern indem sie sich die Arbeit anguckt und konkret sagt, was sie anerkennt.

Bis zu „Lass mal sehen!" bin ich meistens wie unsere Frau Mustermann. Aber – ehrlich gesagt – habe ich oft keine Lust, mir Klassenarbeiten näher anzuschauen (bis auf Aufsätze). Und dann möchte ich das meinen Kindern auch nicht vorspielen, nur weil es pädagogisch wertvoll wäre. Ich freue mich über gute Noten, achte aber darauf, das Thema „Schule" zu Hause nicht zu hoch zu hängen. Meistens verkneife ich mir auch zu fragen, ob es diese oder jene Arbeit zurückgab.

zu c) Bei diesem Vater würde die Elterntrainerin tadelnd eine Augenbraue hochziehen. Eine gute Leistung so madig zu machen. Das ist ein vergiftetes Lob. Ich habe aber auch schon so reagiert. Vielleicht nicht so gemein formuliert, aber wenn wir gemeinsam für eine Arbeit geübt haben und es passieren so unnötige Fehler, kann ich mir manchmal nicht verkneifen zu sagen, welche Note möglich gewesen wäre, wenn … Aber es bringt gar nichts. Glauben wir denn, dass sich das Kind nicht über solche Fehler ärgert?

4. *Die zwölfjährige Elisa ist eine gute Schülerin, ohne dass sie sich anstrengen muss. Wie so oft kommt sie mit einer ,Eins' nach Hause.*

a) „Super! So ein Ergebnis, ohne dass du großartig gelernt hast. Du bist einfach genial."

b) Ich reagiere gar nicht, weil ich nicht will, dass ihr die guten Noten zu Kopf steigen.

c) Mutter sagt: „Ich bin natürlich nicht überrascht. Ich möchte dir aber mal sagen, dass ich sehr beeindruckt bin, wie du die Schule meisterst."

zu a) Untersuchungen haben gezeigt, dass es Kinder eher motiviert, wenn man sie für ihre Anstrengung lobt als für ihre Begabung („du bist ja so genial!"). Ich kann es allerdings nicht falsch finden, seine Kinder von Zeit zu Zeit herumzuwirbeln und ihnen zu sagen, dass sie einfach wunderbar sind.

zu b) Wer beim Elterntraining diese Antwort ankreuzt, darf sich gleich mit dem Gesicht zur Wand in die Ecke stellen.

zu c) Da haben wir wieder unsere Frau Mustermann. Sie ist ehrlich („Bin nicht überrascht"), erkennt ihre Tochter an

(„Wie du die Schule meisterst") und verwendet sogar eine Ich-Botschaft („Ich bin beeindruckt" statt „Du bist toll").

5. *Die drei Kinder der Familie Meinert haben ihre Zeugnisse bekommen.*

a) Dem Jüngsten, der sich trotz Lernschwierigkeiten in Deutsch verbessert hat, schenkt der Vater spontan ein PC-Spiel.
b) Die ganze Familie geht abends zu ihrem Lieblingsitaliener und feiert den Abschluss des Schulhalbjahres beim Pizzaessen.
c) Die Eltern haben eine Tabelle angelegt: Für jede ‚Eins' im Zeugnis gibt es 4 Euro, für jede ‚Zwei' 2 Euro, für jede ‚Drei' 1 Euro.

zu a) Ich kann den Vater gut verstehen. Das klingt nach echter Freude und Erleichterung. Und warum sollte er dem nicht Ausdruck verleihen? Ja, die Geschwister könnten das als ungerecht empfinden. Aber wie ich in dem Abschnitt „Ungerechte Eltern" geschrieben habe, halte ich nichts von verbissenen Gerechtigkeitsdebatten in Familien. Nicht jeder Erfolg in der Schule sollte eine Shoppingorgie nach sich ziehen. Aber als Spontanbeglückung für ein schwächelndes Familienmitglied finde ich das in Ordnung.
zu b) Mit diesem Vorschlag war eine Teilnehmerin meines Elterntrainings gar nicht einverstanden. „Zur Belohnung essen gehen? – Die faule Socke hat doch das ganze Halbjahr nichts getan", schnaubte sie und meinte ihren Sohn.

Ob „faule Socke" oder Arbeitstier – ich würde alle mit zum Pizzaessen oder in die Eisdiele nehmen. Hier geht es weniger darum, eine Leistung zu belohnen, als vielmehr das Ende eines Schuljahres zu feiern. Solche Rituale geben Kindern Halt und Kraft. Wie gern erzählen auch ausgewachsene Menschen noch „Bei uns gab es früher immer …". Bei uns hat sich eingebürgert, dass es am Zeugnistag immer Schokoladenpudding gibt. Große Schüssel voll, viel Sahne drauf und jede Menge bunte Zuckerstreusel. Für meine Kinder gilt folgende Gleichung: Zeugnis = schokoladig + bunt. Es gibt schlechtere Konditionierungen, oder?

zu c) Pädagogen halten wenig davon, Kinder für Schulleistungen zu bezahlen. So würde man Kinder darauf trimmen, für ihre Eltern zu lernen und nicht für sich selbst.

Für wichtiger halte ich den Aspekt, dass häufig in einer Geschwister-Reihe sehr verschiedene Kinder sind: Tom schafft ohne zu lernen eine ‚Zwei' in Englisch, während seine Schwester Sophie mit viel Fleiß eine ‚Vier plus' schafft. Sophies Erfolg findet bei einer nach Noten gestaffelten „Bezahlung" keine Würdigung. Ein Unding. Bei uns gibt es Zeugnisgeld nur von den Großeltern. Das ist wie Weihnachtsgeld. Es kommt unabhängig von der Leistung des jeweiligen Enkelkindes, es liegt keine Wertung darin und die Kinder freuen sich darüber.

6. *Die neunjährige Bea hilft, den Großeinkauf aus dem Auto ins Haus zu tragen. Mutter reagiert so:*

a) Ich sage gar nichts. Das ist doch selbstverständlich. Ich musste früher zu Hause ganz anders mit anpacken.

b) „Danke, ich bin froh, dass du mir hilfst. Nach der Grippe bin ich noch ganz wackelig auf den Beinen. Ich hätte es heute kaum alleine geschafft."

c) „Schön, dass du dich auch mal regst. Es geschehen in diesem Haushalt noch Zeichen und Wunder."

zu a) Als wir dieses Thema mit Müttern und Vätern im Elterntraining besprachen, wurden einige ganz schnippisch. „Pah, ich soll auch noch ‚danke‘ sagen, wenn Sohnemann sich herablässt, endlich mal seinen Teller abzuräumen?"

Natürlich macht man nicht bei jeder kleinen Hilfe den Kniefall. Das wäre inflationär, unehrlich und würde in seiner Wirkung verpuffen. Aber bei den Kindern von klein auf dafür zu sorgen, dass man einander unterstützt und das auch gegenseitig anerkennt, macht Vieles leichter. Das ist wie eine familiäre Klimaerwärmung, aber im positiven Sinne.

zu b) Sie ahnen es, hier ist wieder Frau Mustermann am Werk. Kein pauschales Lob aus der Gießkanne, sondern ein persönliches Dankeschön aus der Situation heraus. Mutter macht deutlich, dass Bea in dieser Situation (Mutter noch geschwächt von der Grippe) einen wichtigen Beitrag für sie geleistet hat. Bea merkt: Es hat einen Unterschied gemacht, ob sie da war oder nicht. Ein Grundbedürfnis für jeden Menschen auf dieser Welt.

Mir gefällt das Danken viel besser als das Loben. Loben geschieht eher aus einer überlegenen Position heraus. Der Schulmeister lobt den Schüler, der erfahrene Erwachsene das tölpelhafte Kind. Daumen rauf, Daumen runter. Danken ist ebenbürtiger und macht den Beitrag klar, den der andere für mich geleistet hat. Und wenn ich darin Vorbild bin, wird das wirksamer sein, als wenn ich den Kindern meinen Finger in den Rücken bohre und ihnen zuraune: „Sag Tante Hildegard ‚danke‘ für die Schokolade."

zu c) Es ist nicht schlimm, wenn einem mal ein solcher Satz entfährt. Hat das aber Methode, müssen sich Eltern nicht wundern, wenn ihnen in der Pubertät noch deutlich schärfere Sätze um die Ohren fliegen. Ironie ist eine spitze Waffe. Anerkennung und Wertschätzung lassen sich damit schwer vermitteln.

Kinder wahrzunehmen, ihnen zuzuhören und sich genau anzuschauen, was sie erschaffen, ist wichtiger, als sie zu loben.

 Kennen Sie Bilderleisten? Diese schmalen Holzleisten, die man an die Wand schrauben und auf die man Bilderrahmen stellen kann? Ich nenne sie immer „Leisten der Anerkennung", weil man hier so schön die Gemälde der Kinder sowie kleine Objekte dekorieren und schnell wieder austauschen kann. Schön auch in Kombination mit Kunst von großen Menschen.

 Halten Sie mal wieder inne, setzen Sie sich mit einem Becher Kaffee in die Sonne, schauen Sie Ihren Kindern beim Spielen zu und genießen Sie sie.

 Natürlich kann man auch mal loben. Aber es sollte spontan und ehrlich sein und nicht eingesetzt werden, um ein Kind zu lenken. Sonst wäre es ein manipulatives Loben. („Ich lobe jetzt mal kräftig, dass mein Kind so viel für die Arbeit gelernt hat, um dieses Verhalten zu verstärken.")

 Vergleichen Sie Ihr Kind nicht mit anderen Kindern, höchstens mit sich selbst. Hat es sich gesteigert, ja oder nein?

 Hängen Sie das Thema „Schulnoten" zu Hause nicht zu hoch. Viel mehr als Zensuren interessiert es Kinder, wer in der Pause mit ihnen gespielt hat oder warum der Freund ihnen das Radiergummi geklaut hat. Und was unser Kind bewegt, sollte auch uns bewegen.

 Lauern Sie nicht darauf zu erfahren, ob diese oder jene Arbeit schon zurückgegeben wurde.

 Statt gute Zensuren mit Geld zu belohnen, sollte man lieber feiern, dass ein Schuljahr glücklich zu Ende gebracht wurde. Rituale stärken Kinder.

 Freuen Sie sich mit den Kindern, wenn sie ihr Potenzial entfalten können, egal auf welchem Gebiet.

 Tendenziell lieber danken als loben. Denn beim Danken ist man auf gleicher Ebene mit dem Kind. Das stärkt das Selbstgefühl.

Loben ist eine wichtige Form der Anerkennung, aber es ist immer eine Bewertung. Auch unsere großen Kinder wollen nicht ständig bewertet werden, sie wollen keinen Dauerkommentar zu ihrem Tun, sondern als eigene Person gesehen werden.

Als ich dies gerade geschrieben hatte, kam der Kronprinz und zeigte mir seine Bewerbung für das schulische Sozialpraktikum. Hätte ich nicht unter dem frischen Eindruck des Kapitels gestanden, hätte ich ihn viel schneller unterbrochen, hätte seine Ideen sofort kommentiert, in Lichtgeschwindigkeit eine fertige Meinung dazu gehabt, eigene Ideen eingeworfen. Diesmal war ich einfach präsent und siehe da: Alles, was ich vorgeschlagen hätte, kam von ihm selbst und besser. Ein schöner Moment für uns beide.

Die Reitstunde

Prinzessin wollte wieder mit dem Reiten anfangen. Deshalb waren wir zu einer Probe-Reitstunde in einem großen Stall, den wir nur vom Hörensagen kannten.

In der Halle stießen wir auf vier Reitschülerinnen zwischen zehn und 13 Jahren und in der Mitte Herr Hohlbein (Name von der Autorin geändert), der Leiter der Reitschule. Es wurden Steigbügel nachgezogen, es wurde angetrabt, es wurde geschnaubt und gepupst (die Pferde), es wurde geschimpft (Herr Hohlbein).

Prinzessin musste mit Luna aus der Formation ausscheren und neben dem Reitlehrer halten. Wie sie denn die Gerte halte und warum sie keine vernünftigen Reithandschuhe hätte und ob sie kein T-Shirt tragen könne, das nicht rutscht. Ein anderes Mädchen musste durchparieren, weil der Gurt unter ihrem Helm zu locker war.

Gut, dachte ich, der Mann legt Wert auf Sicherheit. Das ist wichtig in einem Reitstall.

„Ich habe gesagt ‚angaloppieren'. Warum gibst du dem Pferd keine Hilfen? Du sollst hinten reinsitzen. Zügel lockerer." – „Zügel zu stramm." – „Fersen nach unten." – „Was machst du mit der Gerte?" – „Ach", Hohlbein lachte höhnisch, „heute setzen wir die Gerte mal ganz e-m-o-t-i-o-n-a-l ein."

In den ersten Runden warf Prinzessin mir ein Lächeln zu. Aber dann war es verlorengegangen in dem Gebrüll, dem braunen Staub, dem Klackern der nass gesabberten Trensen.

Gut, dachte ich, man soll die Kinder nicht in Watte packen, ein bisschen Disziplin und Ordnung kann nicht schaden.

„Soll das ein Zirkel sein, Annabell!? Ich habe gesagt, du sollst den Zirkel ausreiten", brüllte Hohlbein, zog seine ärmellose Weste straff über die geschwollene Brust und räusperte sich: „Ich stehe in dem Ruf, dass ich meine, was ich sage …"

Hohlbeins Gebrüll beherrschte die ganze Halle, nur ab und an hörte man einen Hufschlag gegen die Bande. Ein Kater schlich sich durch die Tür.

Viele Tiere hier, dachte ich, Pferde, Hunde, Katzen und ein Gockel.

„Der Herr Hohlbein", fragte ich eine Mutter, die neben mir auf der Tribüne saß, „ist der immer so oder hat er einen schlechten Tag?" – „Der ist immer so. Das ist ein Reitlehrer der alten Schule. Aber die Kinder lernen viel." – „Ach, und wie lange reitet ihre Tochter schon bei ihm?" – „Zwei Jahre." – „Und wie verträgt sie das?" – „Manchmal gibt es Tränen. Aber wir gehen immer zu ihm, weil bei ihm die Pferde so gut parieren."

Jetzt hatte Hohlbein wieder Prinzessin im Visier. „Du sollst beim Leichttraben nur umsitzen, wenn der Rhythmus nicht stimmt. Nicht, weil ich dich anspreche." – „Okay, mach ich." – „Du sollst auch nicht ‚okay' sagen, du sollst machen, was ich sage." – „Okay, – äh, 'tschuldigung." – „Du sollst mich auch nicht angucken, wenn ich mit dir spreche, sondern gucken, wo du hinreitest."

Mutter litt auf der Tribüne. Ich merkte, wie ich dem alten Gartenstuhl aus Plastik, in dem ich saß, Galoppier-hilfen gab, ich presste meinen Hintern tief in das schmuddelige Kissen, schlang meine Beine außen um die Stuhlbeine und drückte die Waden entschieden gegen das Plastik. Ich presste die Lippen zusammen, richtete meinen Blick starr auf die Bande. Der Stuhl parierte, aber das Gebrüll ging weiter.

Endlich hatte die Reitstunde ein Ende. Erschöpft trottete ich hinter Luna und Prinzessin in die Luna-Box. Prinzessin zerrte den Sattel vom Pferd. „Soll ich eine weitere Probestunde buchen?", fragte ich flüsternd. „Bist du des Wahnsinns", zischte sie. „Hier komme ich nie wieder hin. Du kannst froh sein, dass ich dem Typen keine gelangt habe."

Mein Mund stand so weit offen, dass ein Strohballen hineingepasst hätte. Jeden Tag lerne ich ein bisschen mehr Wehrhaftigkeit von meiner Tochter.

Tipps

 Reagieren Sie nicht zu empfindlich, wenn Ihr Kind mal von anderen Erwachsenen angemeckert wird. So etwas kann vorkommen. Nicht jeder handelt in jeder Minute pädagogisch wertvoll.

 Wenn das Meckern aber Methode hat und Ihr Kind gedemütigt wird, melden Sie Ihr Kind von diesem Unterricht ab. Lernen durch Erniedrigung hat noch nie funktioniert, auch wenn es immer noch Menschen gibt, die daran festhalten.

 Lassen Sie nicht zu, dass man die Selbstachtung Ihres Kindes angreift.

 Für Ihr Kind ist es eine wohltuende Erfahrung, wenn Sie vor anderen Erwachsenen für es einstehen. Das wird es sein Leben lang nicht vergessen.

Ein guter Mensch reicht

Als ich ungefähr 18 Jahre alt war, kam ein Mitschüler von mir ins Gefängnis, weil er im Eifersuchtswahn seine Freundin erstochen hatte. Eine ganz furchtbare Geschichte. Natürlich haben wir zu Hause darüber gesprochen. Und irgendwann fragte ich meine Mutter, ob sie denken würde, dass die Mutter dieses Schülers ihren Sohn im Gefängnis besuchen würde.

„Bestimmt", sagte meine Mutter, „das würde ich auch tun."

Mich hat das damals tief beeindruckt. Das hieß: Ich könnte das denkbar Schlimmste tun und trotzdem würden meine Eltern zu mir halten. Das ist ein ganz warmes Gefühl tief in mir drin.

Es erinnert mich an das Ergebnis der Kauai-Studie. Kauai ist eine Hawaii-Insel und Schauplatz einer spektakulären Langzeitstudie der Entwicklungspsychologin Emmy E. Werner. Über einen Zeitraum von 40 Jahren hat sie die Entwicklung von 698 Kindern verfolgt, die 1955 geboren wurden. Die Forscherin und ihr Team besuchten die Kinder und späteren Erwachsenen im Alter von 1, 2, 10, 18, 32 und 40 Jahren und untersuchten ihren Entwicklungsstand und ihre Lebensumstände. 210 Teilnehmer der Studie waren sogenannte „Risikokinder", die in schwierigen Verhältnissen aufwuchsen. Die Eltern lebten am Existenzminimum, waren arbeitslos, hatten zum Teil psychische Probleme oder waren drogenabhängig.

Trotzdem gelang es einem Drittel dieser „Risikokinder", als Erwachsene selbstsicher, optimistisch und leistungsfähig zu werden. In dieser Gruppe gab es weniger Scheidungen, weniger Gesundheitsprobleme, weniger frühe Todesfälle. Was machte diese Kinder so widerstandsfähig?

Das Ergebnis: Es gab eine Person in ihrer Umgebung, zu der sie eine sichere Bindung aufgebaut hatten. Wenn das die Eltern nicht leisten konnten, so war eine Großmutter eingesprungen oder ein älteres Geschwisterkind, eine Tante, eine liebevolle Lehrerin, ein Fußballtrainer, irgendjemand, der an dieses Kind glaubte.[55]

Schon ein guter Mensch, der an ein Kind und seine Fähigkeiten glaubt, kann reichen, um eine gute Entwicklung zu ermöglichen.

Tipps

 Für Ihr Kind sind Sie wahrscheinlich schon der gute Mensch in seinem Leben, sonst würden Sie so ein Buch nicht lesen.

 Wenn Ihr Kind zum Beispiel in der Schule eines Fehlverhaltens bezichtigt wird, klären Sie die genauen Umstände unter vier oder sechs Augen (am besten zusammen mit dem anderen Elternteil) und finden – wenn es angebracht ist – auch deutliche Worte, aber in der Schulöffentlichkeit stehen Sie ohne Wenn und Aber hinter Ihrem Kind.

 Beleben Sie die gute alte Tradition der Patenschaft! Auch wenn Sie Ihr Kind nicht taufen lassen wollen, könnten Sie eine Verwandte oder einen guten Freund fragen, ob sie oder er die Patenschaft für Ihr Kind übernehmen würde.

 Werden Sie selbst Pate und genießen Sie die vielleicht lebenslange Verbindung und Begleitung eines Heranwachsenden.

Zeit für das Wesentliche

Yoga in den Stundenplan

Nachdem die glückliche, aber verspannte Familie in einem Zeitschriftenartikel über die Segnungen regelmäßiger Yogaübungen gelesen hatte, haben wir eine Yogalehrerin gebeten, an einem Sonntagmittag zu uns nach Hause zu kommen und der ganzen Familie eine Unterrichtsstunde zu geben. Der Esszimmertisch wurde verrückt und Matten ausgerollt. Und dann gingen wir „in den Hund" und „in die Kobra" und wurden menschliche Brezeln und ließen den Atem fließen oder gingen mit der Atmung dahin, wo unsere Körper dringend gedehnt werden sollten. Also überall.

Ich habe in meinem Leben schon den einen oder anderen Yogakurs gemacht, aber jedes Mal denke ich wieder: „Bei all den Anweisungen, die ich befolgen soll – Beine strecken, Beckenboden anheben, Finger spreizen, Kopf locker zwischen den Schultern, Atem fließen lassen –, fehlt nur noch, dass ich die Ohrläppchen anheben soll."

Und jedes Mal ist es eine große Wohltat für Leib und Seele. Es ist, als würde mein Inneres wieder mit meiner äußeren Welt in Einklang kommen, als würden zwei Folien übereinander geschoben und ein stimmiges Bild ergeben.

Dieses schöne Gefühl wollten mein Mann und ich unseren Kindern vermitteln. Dazu hätten wir auch in einen Kurs gehen können. Aber da wir es für aussichtslos hielten, dass unsere Teenager sich mit Elternteilen, die in Jerseyhosen stecken und beim Sonnengruß von der Matte kippen, in der Öffentlichkeit zeigen, initiierten wir die Yogastunde in unserem Wohnzimmer.

Als ich zwischen zwei Asanas auf der Matte lag und meine Gedanken unerlaubterweise abschweiften, musste ich an die Leute denken, die vor einiger Zeit in Hamburg dafür Unterschriften sammelten, dass die Gymnasien parallel zu G8 auch wieder G9 anbieten sollen (also in neun statt in acht Jahren zum Abitur). Und Sie fragen sich jetzt, was das mit Yoga zu tun hat. Der Zusammenhang ist der, dass ich fest davon überzeugt bin, dass die einzige Reform, die wir brauchen – außer besserer Lehrerausbildung, strengerer Eignungstests für Pädagogen, mehr Unterstützung und Supervision für Lehrer an Schulen, mehr Fachkräfte in Kitas … –, also fast die einzige Reform, die wir wirklich brauchen, „Yoga in der Schule" ist.

Das sagt auch der Neurowissenschaftler Sat Bir Singh Khalsa aus Harvard.

„Wir werden zunehmend mit Stressoren bombardiert, Hektik und Druck im Arbeitsleben, stetig präsentes Fernsehen und Internet. Unsere Welt ist sehr herausfordernd. Aber uns wird nicht vermittelt, wie man damit zurechtkommt, nicht in der Schule, nicht von den Eltern. Die leiden ja selbst. Yoga ist eine Technik, die hilft, mit Stress umzugehen."[56]

Und weil es bisher überwiegend Frauen, Wohlhabende und Gebildete sind, die von Yoga profitieren, setzt sich Sat Bir Singh Khalsa „für die flächendeckende Einführung von Yoga in öffentlichen Schulen ein".[57]

Sat Bir Singh Khalsa, wo sind deine Unterschriftenlisten? Für Yoga in der Schule braucht es gar nicht viel. Die Grundschullehrerin vom Kronprinzen hat täglich vor Unterrichtsbeginn mit den Kindern eine Yogaübung gemacht, weil sie festgestellt hatte, dass es ihnen hilft, konzentrierter zu arbeiten. So standen dann 28 kleine „Bäume" im Klassenzimmer, das rechte Bein angewinkelt, den rechten Fuß an die Innenseite des linken Oberschenkels gedrückt, die Arme über dem Kopf gestreckt, den Blick fest auf einen Punkt an der Tafel geheftet.

Mein Mann und ich werden jetzt wieder regelmäßig Yoga üben. Ob die Kinder mitmachen werden, wird sich zeigen. Uns war es wichtig, dass sie es kennenlernen und als Möglichkeit mit in ihr Leben nehmen.

Unsere sonntägliche Yogastunde endete damit, dass wir ausgestreckt zwischen Klavier und Sofa lagen. Alle mit Tüchern bedeckt, als hätte es ein Massaker gegeben. Aber uns ging es gut. Sehr gut sogar. Antje, die Yogalehrerin, stieg über uns drüber, um hier noch eine Hand zu lockern, dort noch eine Decke bis unters Kinn zu ziehen. „Mein Leben ist so wie es sein soll", sagte Antje sanft, „ich habe nichts gegen das, was gerade ist."

Tipps

 Das Wichtigste ist Ihr Vorbild. Wenn Kinder erleben, dass ihre Eltern Entspannungstechniken kennen und auch anwenden, wird das Spuren bei ihnen hinterlassen. Wenn sie es in ihrer Kindheit noch nicht mögen, greifen sie vielleicht als Erwachsene darauf zurück.

 Es muss nicht Yoga sein. Viele Menschen ziehen Kraft aus Meditationen, Autogenem Training, Tai Chi, Chi Gong und was es sonst noch an Entspannungstechniken gibt.

 Inzwischen nehmen auch immer mehr Schulen und Kindertagesstätten Yoga für Kinder in ihr Programm auf. Erkundigen Sie sich danach!

Ausgeliebt?

Neulich hatte ich wieder Cafeteriadienst in unserer Schule. Beim Aufräumen sagte eine der anderen Mütter: „Mein Mann und ich schenken uns schon lange nichts mehr zu Weihnachten." Die anderen nickten. „Es reicht schon der ganze Stress mit den Geschenken für die Kinder."

Ich schaute in den riesigen Topf, den ich gerade abtrocknete. „Nichts mehr zu Weihnachten … nichts mehr …" Mir war, als hörte ich ein trauriges Echo vom Grund des Topfes. „Nichts mehr …"

Wer seit November eine durch 24 teilbare Zahl von Päckchen für Söhne und Töchter geschnürt hat, wer für den Weihnachtsmarkt in der Schule gebacken und gebastelt hat, wer zum Nikolaus die Stiefel gefüllt hat und gleich wieder los muss für die persönlichen „Kleinigkeiten" für die Patentante, den Briefträger, den Zeitungsboten, den Saxofonlehrer, die Hip-Hop-Trainerin … ist irgendwann durch mit Weihnachten und mit der Liebe.

Dann hat es sich ausgeliebt, dann ist es ein Geschenk, wenn man mit dem Menschen, den man vor den Kindern und dem Labrador kannte, auf dem Sofa dösen darf. Dann können wir so weiter machen, bis auf uns die Beschreibung passt, die die Journalistin und Schriftstellerin Marie-Luise Scherer auf ihre Tanten gemünzt hat: „Soweit ich meine Tanten überblicke, war jede eine Herrscherin, die ihren Mann mehr ertrug, als dass sie ihn liebte. Und wenn im Alter diese Männer nicht mehr aus der Küche wichen, nur noch im Wege saßen und ein Faktor der Unordnung waren, machten sie sich bald ans Sterben."[58]

Können wir nicht bei den Kindern ein Geschenk streichen, dem Saxofonlehrer einmal warm die Hand drücken, die Kekse kaufen und der Liebe unseres Lebens zu Weihnachten eine echte Freude machen?

Neulich habe ich mich mit meiner Freundin Marie auf einen Kaffee getroffen. Mal wieder Herzausschütten in dem tobenden Trennungskampf mit ihrem Mann.

Rosenkrieg seit Monaten. Und vier Kinder kauern in den Schützengräben.

Ich hatte gerade Zucker auf den Cappuccinoschaum rieseln lassen, als Marie meinte: „Ich habe ja schon vor Wochen was Schönes für Hannes zu Weihnachten bestellt." – „Gibt es einen neuen Hannes?" – „Nein, für den alten Hannes."

Sie schüttelte verlegen ihr Zuckerpäckchen: „Wir kennen uns so lange. Ich weiß doch, worüber er sich freut."

Hatten Sie schon mal Milchschaum in der Luftröhre? Der Horror.

Wenn aus Paaren Eltern werden, passiert es häufig, dass die Frauen völlig aufgehen im täglichen Vereinbarkeitskampf rund um Job, Kinder und zahnendem Zwergkaninchen. Der Mann gerät dann immer mehr an den Rand der Familie. Nicht wenige Väter steigen ganz aus, weil sie sich mehr erträumt haben als im Familien-Van mit den „Leo-fährt-mit"-Aufklebern auf der Heckscheibe nach Dänemark zu fahren.

 Als die Kinder klein waren, haben mein Mann und ich jedes Jahr eine Städtetour für uns allein unternommen.

 Machen Sie ruhig Abstriche beim Kinder-Bespaßungs-Programm zugunsten Ihrer Partnerschaft. Gehen Sie mindestens einmal im Monat zu zweit essen, machen Sie Abendspaziergänge oder was Ihrer Zweisamkeit sonst gut tut.

 Ich bin sehr dafür, dass Babys im Elternschlafzimmer übernachten und in den ersten Monaten ihres Lebens Urvertrauen tanken. Nur wenn der Nachwuchs kurz vor seiner Einschulung immer noch in der Ritze zwischen den Eltern schläft, würde ich mir langsam Gedanken machen, ob das wirklich förderlich für die Partnerschaft ist.

 Da Kinder nichts lieber wollen, als dass Mama und Papa sich gut verstehen, kommt jedes Ehe-Belebungsprogramm direkt den Kindern zugute.

Die dicken Steine zuerst

Als mein Mann und ich neulich abends in der Küche standen, kam Prinzessin und schloss uns beide in die Arme. „Ich bin gerade im Kuschelmodus." So standen wir einen Moment. Ein Knubbel Familie neben dem Geschirrspüler.

Der „Kuschelmodus" hat mir zu denken gegeben. Gerade bin ich ständig im „Erledigungsmodus". Wir verreisen morgen. Und da gibt es viel zu erledigen, Listen zu führen, Sachen bereitzulegen, Besorgungen zu machen.

Als ich am Morgen aufwachte, merkte ich, dass ich den Punkt „Freude" auf die Liste setzen muss. Wir dürfen die Gegenwart nicht missbrauchen als Material für die Zukunft. Warum sollte es erst schön sein, wenn wir das Ziel unserer Reise erreicht haben, warum nicht schon jetzt?

Der polnische Arzt, Pädagoge und Schriftsteller Janusz Korczak hat einmal geschrieben, Kinder hätten einen Anspruch auf den heutigen Tag.[59] Wir dürften nicht immer auf ihre Zukunft schielen.

„Lern deine Vokabeln! Englisch wirst du später auf jeden Fall brauchen." – „Wenn du deine Mütze nicht aufsetzt, wirst du morgen krank sein …" – „Du wirst keinen Job kriegen, wenn du nicht mehr für die Schule tust."

Das sind gesellschaftliche Zwänge, denken Sie jetzt vielleicht. Wir Erwachsenen müssen so funktionieren, wird behauptet. Und wenn unsere Kinder es nicht beizeiten lernen, werden sie untergehen in der Leistungsgesellschaft. Wir lesen zwar mit Begeisterung mit ihnen das Buch „Momo" von Michael Ende, wo sich ein kleines Mädchen gegen die Zeitdiebe behauptet. Aber im Alltag mutieren wir selbst zu grauen Frauen und Männern, die gar nicht mehr wissen, wie das geht: im Jetzt leben.

Was mir dagegen hilft, ist ein Bild aus dem Zeitmanagement[60]: Angenommen, Sie haben ein großes Glasgefäß vor sich stehen. Daneben ein Haufen Sand, ein Haufen Kiesel und zwei oder drei große Steine. Wenn Sie das Glas zuerst mit Sand füllen, passen weder Kiesel geschweige denn die großen Steine hinein. Wenn Sie aber mit den großen Steinen beginnen, haben in den Lücken auch noch ein paar Kiesel Platz. Und die Zwischenräume können Sie mit Sand auffüllen.

Genauso ist es mit den Aufgaben in unserem Leben. Wenn mir klar ist, was mir wirklich am Herzen liegt, sollte ich damit anfangen. Die kleinen, alltäglichen Dringlichkeiten flutschen dann noch zwischendurch. Ich muss den „dicken Steinen" Priorität einräumen. Ich muss mich immer mal wieder fragen: Was ist mir wichtig im Leben? Was sind meine Grundwerte?

Ich nenne Ihnen meine „dicken Steine":
- Erfüllte Partnerschaft mit meinem Mann
- Intensives Erleben unserer Kinder
- Schreiben
- Familien-Coaching

Am Sonntagmorgen wollte ich Laufen gehen (Kategorie „Kieselstein") und für den Besuch unserer Freunde Kuchen backen (Kategorie „Sand", weil Kuchen könnte ich notfalls kaufen, die Freunde gehören zur Kategorie „dickerer Stein"). Prinzessin war aber schon wach und wollte mir etwas erzählen (Kategorie „Findling"). Also schmiss ich Sand und Kiesel wieder raus und setzte mich mit unserer Tochter auf dem Schoß in den Lesesessel. Sie erzählte, ich strich ihr die Haare aus dem Gesicht, wir schwiegen, schauten den Vögeln draußen zu, ich streichelte ihr Ohr. Kein

Blick auf die Uhr, kein Wecker in der Nähe, keine Deadline. Leben im Jetzt.

Dank dieses inneren Friedens aus den Morgenstunden flutschten im Tageslauf „Kiesel" und „Sand" nur so durch. Wir wurden mit noch mehr nettem Besuch beschenkt, schafften im Teamwork eine Schokotorte, Gartenarbeit und einmal Durchsaugen.

Diese Erfahrung mache ich immer wieder. Wenn ich die dicken Steine zuerst hineinlege, gibt mir das so viel Kraft, dass andere Dinge locker nebenher erledigt werden können.

Natürlich gibt es wichtige Mails, die sofort beantwortet werden müssen, natürlich muss ich im Job Termine einhalten und auf Anrufe reagieren, natürlich muss das Geld für die Klassenreise überwiesen und das Auto zur Inspektion gebracht werden. Häufig aber verlieren wir uns in Dingen, die zwar dringlich, aber nicht wichtig sind, dann gehen wir darin unter wie in Treibsand. Manche Menschen haben nur Sand und Kleinstkiesel in ihrem Leben. Graben Sie, um darunter Ihre dicken Steine zu finden.

Tipps

 Setzen Sie sich in einer ruhigen Minute hin und überlegen Sie, was Ihre „dicken Steine" sind. Passen die in Ihr „Lebens-Glas" oder ist da zu viel Sand und Kies drin?

 „Kinder haben ein Recht auf den heutigen Tag." Warum nicht das Korczak-Wort ausdrucken und an den Kühlschrank hängen?

Lassen Sie die Kinder raus, wenn die ersten Schneeflocken fallen.

 Tanzen Sie bei jeder Gelegenheit mit ihnen durch die Wohnung.

 Bitte keine Kindheit ohne Pfützenspringen, Sternegucken, Kissenschlacht, Zelten mit dem besten Freund, Barfußlaufen, Kartenspielen mit Opa, Drachensteigen, Nachtwanderung …

 Lassen Sie ihnen das Nichtstun, das „Aus-dem-Fenster-Träumen" und sorgen Sie – zum Beispiel im Urlaub – für Phasen ganz ohne Medien.

 Geben Sie Ihren Kindern die Möglichkeit, Momente zu erleben, wie Hermann Unterstöger sie beschreibt: „Im Holzschuppen einem Sonnenstrahl zuschauen, der durch ein Astloch in der Bretterwand hereinfällt, einer Stange aus Licht, die langsam weiterzieht und die jedes Mal, wenn die Henne sich wichtigtuerisch fuchtelnd in ihrer Erdmulde neu zurechtsetzt, mit goldenem Staubwirbel gefüllt wird, sodass sie an Körper zu gewinnen scheint und trotzdem nicht zu fassen ist."[61]

Mit Prinzessin und den Meisen

Kennen Sie das, …

… wenn man dem nachjagt, was einen glücklich macht und darüber immer unglücklicher wird,

… wenn man sich zwingt, der Tochter den Rücken zu kraulen, obwohl man selbst ein paar Streicheleinheiten gebrauchen könnte,

… wenn man in einen Korb, randvoll mit nassen Socken in Schwarz-Grau-Blau, starrt, und nicht ein Fitzelchen Kraft in sich spürt, die erste Wäscheklammer aufzudrücken,

… wenn man sich schämt, weil man alles hat und nicht jeden Moment in Dankbarkeit auf den Knien verbringt,

… wenn man eine Ecke aufräumt und beim Wegtragen der störenden Teile in andere Ecken kommt, die auch dringend aufgeräumt werden müssen, und sich umzingelt fühlt von unaufgeräumten Ecken,

… wenn man überall „LOVE" liest auf Shabby-Kissen, Geschenkpapieren, trendigen Holzbuchstaben auf Kaminsimsen ohne Kamin und Momente hat ohne den geringsten Hauch von „Love is in the air",

… wenn man gerade keine Lust hat, mit den Kindern zu spielen, obwohl es einen doch glücklich machen sollte, etwas mit seinen Liebsten zu unternehmen.

Ich hatte mit einer Niedergeschlagenheit zu kämpfen, die für einen klar denkenden Außenstehenden und für mich selbst (das ist das Schlimmste) nicht nachzuvollziehen war.

Und dann kam der 1. Mai. Die Sonne mit ihrem Gescheine sprach meinem Unglück Hohn. Ich schlich in aller Frühe aus dem Bett, hatte die Eingebung, ich sollte nach „Gespräche mit Gott" von Neale Donald Walsch greifen und verbrachte eine Stunde mit dem Band im Lesesessel. Kennen Sie das, dass einem ein Buch in einer Situation genau die Worte schenkt, die man braucht? So ein Buch wie eine Zapfsäule. Einmal Super, volltanken bitte.

„Innerhalb der wahren Ordnung der Dinge **tut** man nichts, um glücklich zu **sein** – man **ist** glücklich und **tut** deshalb etwas. Man **tut** nicht etwas, um mitfühlend zu **sein**, man **ist** mitfühlend und handelt deshalb auf bestimmte Weise."[62]

Man tut nicht etwas, um als liebevolle Mutter dazustehen, man liebt … oder auch mal nicht. Alles andere ist unecht und nichts wert. Es gibt nichts zu beweisen über mich oder über Sie, es gibt kein richtig oder falsch in der Kindererziehung oder im Leben. Es gibt nur Dinge, die besser oder schlechter funktionieren.

Wenn man etwas tut, schreibt, anordnet, kauft, backt oder umgräbt, weil man glaubt, man könnte seinen Wert als Person damit steigern, führt einen das früher oder später in den Burn-out – egal um welche Art von Tun es sich handelt und egal, ob man Autogenes Training macht oder nicht.

Ich las Seite um Seite und spürte meinen inneren Frieden zurückkehren. Ich war voller Freude und Katzenhaare (heftiges Schmusen mit Amy), fand Sonne und Hornveilchen nicht mehr kitschig und mich selbst wunderbar.

Prinzessin kam die Treppe runter und kuschelte sich an mich. Mein Innenleben war auf Sendung. Denn wie sonst war zu erklären, dass sie mit mir Meisen guckte statt fern.

Ich will Sie nicht damit langweilen, dass wunderbare Tage folgten. Ich will Ihnen nur mit auf den Weg geben, dass Sie nicht immer alles richtig machen müssen, auch nicht in der Erziehung, und dass Sie nichts über sich beweisen müssen. Gar nichts. Auch Ihren Kindern nicht. Die wollen einfach, dass Sie glücklich sind. Dann haben sie es leichter, es auch zu sein.

Buch-Empfehlungen

„Die Flut der Erziehungsratgeber wird stets als Ausdruck einer Verunsicherung der Eltern interpretiert. Man kann aber auch sagen: Eltern halten Erziehung für wichtig. Sie sind lernbereit. Es gibt seit Jahren eine Flut von Kochbüchern. Niemand würde sie als Zeichen für den Verfall der Kochkünste anführen."[63]

Wolfgang Bergmann: Warum unsere Kinder ein Glück sind. So gelingt Erziehung heute. Weinheim und Basel 2009.

Steve Biddulph: Jungen! Wie sie glücklich heranwachsen. München 2000.

Vera F. Birkenbihl: Jungen und Mädchen: wie sie lernen. Welche Unterschiede im Lernstil Sie kennen müssen. Mit Lernmodul Lesen und Schreiben. Regensburg 2009.
*Dieses kleine Buch ist ein großer Trost vor allem für die Eltern von Jungen im Grundschulalter. Die Lerntrainerin zeigt auf, warum sich das männliche Gehirn gerade in den ersten zehn Jahren der Entwicklung schwer tut mit jenen Methoden, wie sie immer noch in Grundschulen anzutreffen sind. So wird deutlich, dass Jungen gar nicht lernen können, wenn sie sich nicht jeden Tag stundenlang (!) bewegen dürfen. Bei ihnen bildet sich erst die Grobmotorik aus und später die Feinmotorik. Das sei bei Mädchen – so Birkenbihl – umgekehrt. Solches Wissen hilft Eltern, ihr Kind besser zu verstehen, und kann Familien entlasten.
Sehr klar und ohne zu sehr ins Theoretische abzugleiten, gibt die Lerntrainerin wertvolle Hinweise, wie Kinder sich in welchem Alter Wissen aneignen können. Ich habe den Literatur-*

*Tipp von einer Lehrerin bekommen, der das Buch sehr gehol-
fen hat, ihre Unterrichtsmethoden zu optimieren.*

Stephen R. Covey: Die 7 Wege zur Effektivität für Familien.
Prinzipien für starke Familien. Offenbach 2007.

*Der Amerikaner Stephen R. Covey ist vor allem Managern
bekannt als Vordenker für Unternehmensführung und Zeitmanagement. Sein Buch für Familien klingt sehr technokra-
tisch, ist es aber nicht. Es wimmelt von persönlichen Beispielen
und kleinen Geschichten aus seinem Leben als Vater von 9, ja
in Worten, neun Kindern. Die sind inzwischen erwachsen,
haben selbst Kinder und melden sich im Buch auch mit kriti-
schen Rückblicken auf manche Erziehungsmaßnahme ihrer
Eltern zu Wort.*

*Jedes Kapitel widmet sich einem der sieben Prinzipien. Dazu
gehört zum Beispiel – wie für ein Unternehmen – auch für
eine Familie, ein „Leitbild" zu entwickeln. Welche Werte sind
uns wichtig? Oder das Prinzip „Die Säge schärfen": Wie man
als Familie wieder neue Kraft schöpft und den Zusammenhalt
fördert.*

*Dank der vielen Beispiele nicht nur aus der Familie Covey,
sondern auch von Freunden und Ratsuchenden, habe ich das
Buch sehr gern gelesen. Von Sandra Merrill Covey, Stephens
Frau, gibt es ein Vorwort, in dem sie gesteht: „Ich habe neun
Kinder großgezogen und glaube, dass ich gerade erst anfange,
die Dinge richtig zu verstehen."*

*Zudem mag ich Coveys Lebenseinstellung, diese Mischung aus
bekennendem Christentum und der Haltung, sich auf keinen
Fall unterkriegen zu lassen.*

*Ich habe in dem Buch viele wertvolle Hinweise gefunden und
es motiviert mich immer neu, in unsere Familie viel Zeit und
Energie zu stecken. Ihm verdanke ich auch den Begriff „Einzahlungen und Abhebungen auf dem Beziehungskonto".*

Fee Czisch: Kinder können mehr. Anders lernen in der Grundschule. München 2005.

Wenn ich noch einmal Kind wäre, wünschte ich mir Fee Czisch als Grundschullehrerin. Mit ihr im Kreis auf dem Boden sitzen und berichten dürfen, was einen bewegt, mit meiner besten Freundin die Guppys im Aquarium füttern, das hinten in der Klasse steht, sich bei einem Regenschauer an die Fensterscheibe drücken und mit der ganzen Klasse gucken, wie sich in der Dachrinne ein Sturzbach bildet, Ringelnatz-Gedichte hören, unterlegt von feiner Klaviermusik, dann die Verse aufschreiben und wissen, dass Frau Czisch gut findet, wenn man Fehler macht, weil man aus ihnen lernen kann … Fee Czisch war fast 30 Jahre lang Lehrerin an bayrischen Grundschulen und danach Lehrbeauftragte für Grundschulpädagogik an der Ludwig-Maximilians-Universität in München. Im Buch erzählt sie von ihrem Unterricht und von Begegnungen mit ihren Schülern. Von Aziza aus Marokko, die schließlich doch noch lesen lernt, von Markus, der schon morgens vor der Schule „Power Rangers" gucken darf und ganz verspannt ist, von Tom, dessen Eltern viel streiten und der alles in schwarzer Farbe malt, auch Blumen.
„Jedes Kind in meiner Klasse", so das Berufs-Ethos von Fee Czisch, „hat das Recht, unter meiner Anleitung und mit meiner Hilfe so viel wie möglich zu lernen: das Recht – und nicht zuallererst die Pflicht, so zu sein, dass es mir ins Konzept passt und keine Probleme macht. … Ich lege mich ins Zeug, um jedem Kind zu beweisen, dass es viel mehr kann, als es ahnt. Und da ich Recht behalten will, sind mir die Erfolge der hartnäckig Langsamen genauso teuer wie die der ganz Schlauen und Schnellen." Dieses Buch ist ein Muss für Grundschullehrer und eine Inspiration für Eltern, die es davor schützen kann, ihre Kinder zum dumpfen Pauken anzutreiben.

Wayne W. Dyer: Glück der positiven Erziehung. So werden Kinder frei, kreativ und selbständig. München, Landsberg am Lech, 1989.

Ich bin nicht zimperlich darin, Bücher auszusortieren und wegzugeben. Das „Glück der positiven Erziehung" aber werde ich behalten, obwohl einzelne Seiten sich gelöst haben und es bald ganz auseinanderfällt. Dyer gehört zu den erfolgreichsten Lebenshilfe-Autoren in den USA. Das hier genannte Buch ist das einzige, das er über Erziehung geschrieben hat. Es ist auf Deutsch nur noch antiquarisch erhältlich.

„Wenn Sie Ihre Kinder … so behandeln, als wären sie bereits das, wozu sie fähig sind, werden Sie ihnen bei der Entfaltung eines ausgeprägten Selbstvertrauens einen großen Gefallen tun." Das ist so ein typischer Dyer-Satz. Probleme werden als Möglichkeit zur Weiterentwicklung begrüßt und Eltern ermutigt, ihre Kinder Risiken eingehen zu lassen, damit sie daran wachsen können. Bei Dyer kann man nachlesen, dass man sich nicht in Streitigkeiten der Kinder einmischt, nicht in ihrer Gegenwart über sie spricht, als wären sie nicht dabei, und sie nicht vor anderen Menschen zurechtweist. Respekt vor der Individualität des einzelnen Kindes, Vertrauen, Tatkraft, Eigeninitiative … Das sind Dyers Werte, um hier nur einige zu nennen. Wer diese Einstellung zum Leben teilt, dem kann dieses Buch in schwierigen Familienzeiten als Kraftquelle dienen.

Donata Elschenbroich: Weltwissen der Siebenjährigen. Wie Kinder die Welt entdecken können. München 2001.

Dieses Buch ist dafür verantwortlich, dass ich einmal an Allerheiligen mit unseren Kindern und den Nachbarskindern nachts auf einem Friedhof war. Ich hatte zum Feiertag ein Lichtermeer erwartet, wie ich es als Kind im Ruhrgebiet auf den Gräbern gesehen hatte. Aber auf dem norddeutschen Friedhof bei uns um die Ecke war alles dunkel. So waren un-

sere Lichter, verteilt auf ein paar Gräber gleich am Eingang, die einzigen in dieser Nacht. Und wir fuhren mit einem schaurigen Gefühl wieder nach Hause.

Einmal eines Verstorbenen gedacht und auf seinem Grab eine Kerze angezündet oder Blumen hingestellt haben. – Einmal eine Mauer berührt haben, die mehr als 500 Jahre alt ist. – Einmal einen Baum umschlingen, der beide Weltkriege erlebt hat. Das ist nur ein Bruchteil dessen, was mir einfiel, als ich das „Weltwissen der Siebenjährigen" las. Donata Elschenbroich hat die verschiedensten Fachleute befragt, was ihrer Meinung nach ein Kind alles erlebt haben sollte, wenn es sieben Jahre alt ist. Eine höchst inspirierende Sammlung ist daraus entstanden, die eine Riesenlust entstehen lässt, mit den Kindern dieses wunderbare Leben in all seinen Facetten zu ergründen. Das Buch enthält einen theoretischen Teil darüber, was Weltwissen ist, Gespräche mit Fachleuten aller Art, poetisch anmutende Listen, was Siebenjährige alles erfahren haben sollten, sowie ein Kapitel über die frühe Kindheit in anderen Ländern.

„Jedes Kind", schreibt Donata Elschenbroich als 69. Punkt auf ihrer Liste, „sollte den eigenen Pulsschlag gefühlt haben, und den von Freund und Tier." (Seite 32) – „Jede Mutter, jeder Vater", schreibe ich hier in meiner Liste, „sollte dieses Buch gelesen haben."

Thomas Gordon: Die neue Familienkonferenz. Kinder erziehen ohne zu strafen. München 2014.

Tanja und Johnny Haeusler: Netzgemüse. Aufzucht und Pflege der Generation Internet. München 2012.
Wer Angst hat, sein Kind ans Internet zu verlieren, und wer nicht weiß, wann man sie in der digitalen Welt beschützen und wann man sie frei lassen muss, sollte das Buch „Netzgemüse" lesen. Tanja und Johnny Haeusler sind in doppelter

Hinsicht Experten: Seit Jahren befassen sie sich als Journalisten mit digitalen Medien und sie haben zwei Söhne im Teenageralter. Zudem testet Johnny Haeusler beruflich Videospiele. Hier warnt niemand vor digitaler Demenz, hier werden keine Horrorszenarien entwickelt. Vielmehr weisen die Autoren den Weg für einen vernünftigen Umgang mit Smartphones, Computern und Videospielen. „Für unsere Kinder ist das Internet so natürlich wie Leitungswasser. Es wird Zeit, dass wir es ebenso lieben lernen", schreiben sie. Sie schildern auch ihre Auseinandersetzungen mit den Söhnen, zeigen auf, welche Beschränkungen der Online-Zeiten sich bewährt haben und welche nicht. Gefahren, wie die „Schmutzräume" im Internet, verharmlosen sie nicht, sondern zeigen kundig, welche Möglichkeiten man hat, die Kinder zu schützen. Ein prima Weg zwischen Verteufeln und Gleichgültigkeit. Im Anhang finden sich „Technische Tipps für Kindersicherungen". Diesem Buch verdanke ich, dass ich über unseren Router die Online-Zeiten von Prinzessin begrenzen konnte.

Tom Hodgkinson: Leitfaden für faule Eltern. Reinbek bei Hamburg 2013.

Das Buch von Tom Hodgkinson ist so erfrischend anders als andere Erziehungsbücher. Da ist ein Vater ausgestiegen aus den meisten Zwängen, die uns das Leben in westlichen Industriegesellschaften auferlegt. Hodgkinson lebt mit seiner Frau und den drei Kindern in einem Bauernhaus auf dem Land und schreibt von zu Hause seine Kolumnen und Bücher. Er weigert sich, in Freizeitparks zu fahren, die Kinderzimmer mit Spielzeug vollzustopfen, sich dem Diktat einer Vollzeitstelle zu unterwerfen oder das staatliche Schulsystem allzu wichtig zu nehmen. Stattdessen umgibt er seine Kinder mit viel Natur, Freiheit und jede Menge anderer Kinder. Seine Erkenntnisse speist er aus alten Quellen: Rousseau, D. H. Lawrence, John

Locke und so weiter. Wenn man Hodgkinson liest, geht einem auf, wie viele Zwänge wir Eltern uns selbst auferlegen. Der alte Klassiker: Weil ich wenig Zeit für meine Kinder habe, kaufe ich Spielzeug oder fahre mit ihnen in die Stätten der Freizeitindustrie. Weil das alles viel Geld kostet, muss ich noch mehr arbeiten und habe noch weniger Zeit für meine Kinder und kaufe noch mehr Spielzeug …

Bei Hodgkinson wird Ukulele gespielt, gesungen, gezeltet … hier werden Kinder nicht als Belastung, sondern als Bereicherung erlebt, ein britisches Bullerbü, von dem man sich gut ein Stück nach Hause holen kann.

Jesper Juul: Vier Werte, die Kinder ein Leben lang tragen. München 2014.

In diesem Buch beantwortet Jesper Juul 27 Briefe von mehr oder weniger verzweifelten Eltern, einer Großmutter und einem 17-jährigen Sohn. Einmal „bearbeitet" er eine Situation, die er in einem Restaurant erlebt hat. Wenn Juul Antworten auf konkrete Problemsituationen gibt, lese ich das immer mit großem Gewinn. Die Briefe sind vier Werten untergeordnet: Gleichwürdigkeit, Integrität, Authentizität und Verantwortung. Aber das empfinde ich als nebensächlich. Wie heißt es immer so schön: Die Wahrheit ist konkret. Hier würde ich sagen: Echte Hilfe ist konkret. Man erfährt mit vor Schreck geweiteten Augen, in welchem Schlamassel eine Familie steckt (ist gleichzeitig schwer erleichtert, solche Probleme nicht zu haben), nimmt einen Schluck Kaffee und liest dann, was der gelassene Däne tun und sagen würde, um da wieder rauszukommen. Meistens rät er, in einen Dialog zu treten. Und da er damit etwas völlig anderes meint als das, was die meisten Eltern praktizieren, gibt er Formulierungshilfen an die Hand. „Soll der Dialog gelingen, braucht es absolute Ehrlichkeit und den Willen beider Eltern, die Verantwortung für die Vergan-

genheit zu übernehmen. Das könnte sich beispielsweise so an-hören: ‚Seit deine Schwester geboren wurde, waren wir oft un-zufrieden mit deinem Verhalten. Erst jetzt sehen wir, dass wir es waren, die dich damals im Stich gelassen haben. Das tut uns sehr leid …"

Wie in allen Juul-Büchern, die ich bisher gelesen habe, kann man sich auch in diesem vollsaugen mit einem Grundgefühl von Respekt für das einzelne Kind. So gestärkt, tritt man wie-der vor seine eigenen Kinder und alles geht gleich viel besser.

Jesper Juul: Wem gehören unsere Kinder? Dem Staat, den Eltern oder sich selbst? Weinheim und Basel 2012.

Kleines Büchlein mit einem Essay über Frühbetreuung, das Frau locker beim Stillen einmal durchlesen kann. Aus dem Blickwinkel der Kinder beschreibt Juul, was es für sie bedeutet, in einer Krippe zu sein. Das öffnet die Augen dafür, wie die Qualität dieser Einrichtungen endlich verbessert werden könnte.

Jesper Juul: Dein kompetentes Kind. Auf dem Weg zu einer neuen Wertgrundlage für die ganze Familie. Reinbek bei Hamburg 2010.

Juuls erstes Buch. Die deutsche Ausgabe erschien 1997. Trotz-dem hat es nichts von seiner Aktualität eingebüßt. Wer sich vertraut machen möchte mit den Überzeugungen des däni-schen Familientherapeuten, sollte mit diesem Buch beginnen. Weil es – wie immer bei Juul – darum geht, wie wir in einer Familie „gleichwürdige Beziehungen" aufbauen können, lesen es Babyeltern mit dem gleichen Gewinn wie die Eltern von Ju-gendlichen. Denn nach Juul kann man nicht plötzlich anfan-gen, sein Kind zu respektieren, an dem Tag, an dem es einem auf den Kopf spucken kann: Die Grundlagen für gelingende Familienbeziehungen und eine gesunde Entwicklung des Kin-

*des entstehen in seinem ersten Lebensjahrzehnt. In der Puber-
tät dann sollten sich die Eltern umstellen können von der Rolle
der Erziehers zum „Sparringspartner" des Heranwachsenden.
Das Buch ist auch deshalb so hilfreich und gut zu lesen, weil
es voller Beispiele steckt. Da ist von Louise, neun Jahre alt, die
Rede, die ihre Eltern („vernünftige, aufgeschlossene Leute, die
ihre Tochter sehr lieben") mit ihrem rebellischen Verhalten an
den Rand der Verzweiflung bringt. Wir können uns einfühlen
in Karen, die nach Jahren des unerfüllten Kinderwunsches
endlich das ersehnte Baby zur Welt bringt und völlig überfordert ist, als das Kind immer häufiger die Muttermilch oder
den Brei ausspuckt. Nicht immer bietet Juul eine „Auflösung"
des Falls, dazu sind die Themen zu komplex. Trotzdem empfinde ich diese Kombination aus Theorie und Praxis als sehr
erhellend. Dass Kinder immer mit den Erwachsenen, vor
allem mit ihren Eltern, kooperieren – diesen Gedanken in die
Welt gebracht zu haben, ist das größte Verdienst Jesper Juuls.
Wenn ein Kind stört, so ist es nicht böse, sondern weist seine
Eltern unbewusst auf ein Verhalten hin, das im Miteinander
nicht funktioniert. Es gibt ihnen „ein qualifiziertes Feedback".
In der Verantwortung der Erwachsenen liegt es, sich mit diesen
Botschaften auseinanderzusetzen. Mithilfe des Buchs kommt
man damit einen großen Schritt weiter.*

Jesper Juul: Aus Erziehung wird Beziehung. Authentische
Eltern – kompetente Kinder. Freiburg im Breisgau 2010.

Jesper Juul: Pubertät. Wenn Erziehen nicht mehr geht. Gelassen durch stürmische Zeiten. München 2010.
*Nach Juuls Ansicht ist es zu spät, Kinder noch erziehen zu wol-
len, wenn sie zwölf Jahre alt oder älter sind. Umso wichtiger
ist es, eigene Standpunkte deutlich zu machen, die Jugendlichen zu unterstützen und im Gespräch zu bleiben. Wie das*

aussehen könnte, dafür liefern die zehn Dialoge viele An-regungen, die Juul mit verschiedenen Familien führte und die für das Buch aufgezeichnet wurden. Von dem Geist dieser Gespräche kann man sich anstecken lassen, wenn es einem schwer fällt, eine Ebene mit den Halbwüchsigen zu finden.

Jesper Juul: Die kompetente Familie. Neue Wege in der Er-ziehung. Das familylabBuch. München 2009, 5. Auflage.
In diesem Werk Juuls finden sich hilfreiche Reflexionen des dä-nischen Familientherapeuten zu Themen wie ‚Grenzen‘, ‚Sozi-alkompetenz‘, ‚Aggression‘ oder ‚Haushaltspflichten‘. Eltern begegnen neuen Sichtweisen, die tiefer gehen als das, was sonst Gedankengut in Talkshows oder in Elternkreisen ist. Allgemein verbreitete Überzeugungen zum Thema ‚Erziehung‘ werden gegen den Strich gebürstet. Zum Beispiel: Sie plagen sich damit herum, dass Ihre Kinder zu wenig im Haushalt helfen? Juul schlägt folgendes Experiment vor: „Erlegen Sie Ihren Kindern bis zum Alter von etwa 14 Jahren niemals Pflichten auf. Sie werden im Lauf weniger Jahre durch eine Hilfsbereitschaft be-lohnt werden, die viel energischer und für beide Seiten kon-struktiver ist, als es eine Erfüllung verordneter Pflichten je sein könnte.“ (Seite 141) Oder zum Thema Sozialkompetenz bei kleinen Kindern: Angenommen Ihr kleines Mädchen spielt in der Sandkiste mit einem Förmchen. Ein etwa gleichaltriger Junge fängt neben ihr an zu weinen, weil er ihr Förmchen haben möchte. Wenn Eltern ihr Kind zwingen, dem Jungen das Förmchen zu geben, damit das Mädchen Empathie lernt, zeigen sie – so Juul – selbst wenig Empathie für ihr Kind. „Soll man seinen Mitmenschen das geben, wonach sie verlangen, weil sie sonst traurig werden? Soll die Vierzehnjährige mit ihrem Freund schlafen, weil er sonst frustriert ist? Soll der erwachsene Sohn seine Eltern besuchen, weil sie sonst traurig sind?“ (Seite 42) Da kommen viele frohe Botschaften für Eltern zusammen,

die sich gern Gedanken über ihre Kinder machen und abseits tradierter Erziehungsvorstellungen Orientierung suchen.

Remo H. Largo: Jugendjahre. Kinder durch die Pubertät begleiten. München 2011.
Ein großes Nachschlagewerk voller Informationen über die Entwicklung von Jugendlichen. Hier sind alle Themen versammelt: Wie Mädchen und Jungen ihre Geschlechterrollen finden, wie sich Sprachkompetenz und Denken verändert, warum sich das Schlafverhalten in der Pubertät wandelt, weshalb Jugendliche das Risiko suchen oder wie es ist, wenn das Essen zum Problem wird.
Remo H. Largo, der 30 Jahre lang die Abteilung „Wachstum und Entwicklung" am Kinderspital Zürich leitete, stellt sich den Fragen der Journalistin Monika Czernin. So bekommt der Leser eine Fülle von Informationen in verdaulichen Häppchen präsentiert und kann sich schnell zu dem Thema kundig machen, das die eigene Familie gerade bewegt. Im Anhang finden sich interessante Statistiken, Grafiken und Schaubilder über Entwicklungsprozesse und Einstellungen von Jugendlichen.

Remo H. Largo: Lernen geht anders. Bildung und Erziehung vom Kind her denken. Hamburg 2010.

Jean Liedloff: Auf der Suche nach dem verlorenen Glück. Gegen die Zerstörung unserer Glücksfähigkeit in der frühen Kindheit. München 1993.
„Gegen die Zerstörung unserer Glücksfähigkeit in der frühen Kindheit" – der Untertitel hat bei mir sofort die Neugier auf dieses Buch geweckt. Wir können etwas tun, damit unsere Kinder „glücksfähig" werden?
Jean Liedloff hat insgesamt zweieinhalb Jahre bei den Yequana-Indianern im Dschungel Venezuelas gelebt. Fasziniert

davon, wie Kinder fernab jeglicher Zivilisation glücklich aufwachsen, hat sie dieses Buch geschrieben. Es handelt von einer
selbstverständlichen Nähe zu Babys, vom Getragenwerden, von
schützendem Körperkontakt in der Nacht, vom Aufwachsen in
einer Gemeinschaft, die den Unterschied zwischen Arbeit und
Vergnügen nicht kennt, und in der die Kinder bei allen Ver-
richtungen so selbstverständlich dabei sind, dass niemand den
Menschen dort erklären könnte, was eine Kinderkrippe ist.
„Bei den Yequana ist die Haltung der Mutter beziehungsweise
Pflegeperson eines Babys entspannt. Gewöhnlich ist sie mit
etwas anderem als Sich-um-das-Baby-Kümmern beschäftigt,
aber jederzeit empfänglich für einen Besuch des krabbelnden
oder kriechenden Abenteurers. … Sie öffnet dem kleinen
Sucher nach Rückversicherung nicht ihre Arme, sondern er-
laubt ihm in ihrer ruhigen, beschäftigten Art, von ihrer Person
Gebrauch zu machen, oder gewährt ihm, wenn sie gerade
herumläuft, einen durch einen Arm gestützten Ritt auf ihrer
Hüfte." (Seite 108)
Liedloff erlebt bei den Yequana keine Schrei-Babys, keine Mütter mit Wochenbett-Depressionen, keine Aufmerksamkeits-
Defizit-Hyperaktivitäts-Störung (ADHS) oder Ähnliches. Aus
diesen Erfahrungen entwickelt die gebürtige New Yorkerin ihre
Theorie vom „Kontinuum". Danach sind Menschen – wie alle
Lebewesen – im Besitz einer über die Jahrtausende gebildeten
Intuition, die ihr Überleben sichert und ihnen den „richtigen"
Umgang mit Babys eingibt. Bei Eltern in westlichen Industrie-
gesellschaften – so Liedloff – ist dieses Wissen verschüttet, so-
dass ihre Kinder seelisch Schaden nehmen und spätestens als
Erwachsene allerlei Neurosen entwickeln.
Verklärt Liedloff das Dschungel-Leben? Ist das ein romanti-
sches Buch über Indianer-Kinder? Ich finde nicht. Abgemagert
und von Malaria-Erkrankungen gebeutelt, musste die junge
Frau immer wieder ihre Exkursionen abbrechen, kehrte aber

zurück, um neues Material zu sammeln und noch tiefer in die
Gemeinschaft der Yequana einzutauchen. Ein überaus kluges
Buch ist daraus entstanden, das mit seinen Erkenntnissen das
Aufwachsen meiner Kinder überdauert hat. Ich nehme es
immer noch gern zur Hand, auch weil es so wohltuende Weis-
heiten über unser westliches Verständnis von Arbeit oder
Gemeinschaft enthält.

Herbert Renz-Polster: Kinder verstehen. Born to be wild:
Wie die Evolution unsere Kinder prägt. München 2014.
Warum fremdeln acht Monate alte Babys, wenn sie einen un-
bekannten Mann sehen? Warum gilt Schlaf als „der Schmier-
stoff des Gehirns"? Warum ist die Ablehnung von
Kohl-Gemüse bei Kleinkindern besonders ausgeprägt? Herbert
Renz-Polster weiß schlüssige und oft amüsante Antworten:
„Ein vorbehaltlos von Gemüse, Früchten und Beeren begeis-
tertes Kleinkind wäre zu 99 Prozent unserer Geschichte bald
ein totes Kind gewesen." Der Kinderarzt und Entwicklungs-
forscher hat untersucht, welchen Einfluss die Evolution auf
das Verhalten von Kindern hat. Manches, was Eltern heute
als störend empfinden, lässt sich erklären durch eine jahrtau-
sendealte Programmierung. Daraus ergeben sich wichtige
Hinweise. So ist es zum Beispiel sehr wichtig, dass Kinder, die
schon im Alter von einem Jahr in eine Krippe kommen, viel
Zeit bekommen, sich an die Betreuerinnen zu gewöhnen.
Denn das „Fremdeln", die angeborene Trennungsangst, er-
reicht im Alter von zwölf bis 20 Monaten ihren Höhepunkt.
Renz-Polster zu lesen, hilft auch gegen eine Ideologisierung
der Debatte darum, ob Eltern sich selbst um ihr Kind küm-
mern oder es fremd betreuen lassen sollten. Ob es um das
Stillen geht, um die Sauberkeitserziehung oder die
Schlafgewohnheiten – der Kinderarzt aus der Nähe von Ra-
vensburg hat ergründet, wie sich die Bedürfnisse mit Hilfe der

Evolution erklären lassen, was änderbar ist und womit man sich besser abfindet. Die Mischung aus solider Information und Humor macht das Buch besonders lesenswert. Sehr hilfreich in den ersten sechs Jahren.

Hubertus von Schoenebeck: Kinder der Morgenröte. Unterstützen statt erziehen. Norderstedt 2004.

Keine Frage, das ist ein radikales Buch. Schoenebeck lehnt jedwede Erziehung ab, ob es autoritäre Methoden sind oder antiautoritäre, ob Waldorf-Pädagogen dahinter stecken oder Menschen, die behaupten, dass Kindern Grenzen gesetzt werden müssten. Das Buch verteidigt wie kein Zweites in meinem Bücherregal die Idee, dass Kinder von Geburt an vollwertige und vollständige Menschen sind, keine Wesen, die in irgendeiner Weise von Erwachsenen geformt werden müssten. Der Pädagoge als besserwisserischer Moralapostel ist für Schoenebeck eine Spezies, die sich hoffentlich bald überlebt hat. Schoenebeck beschreibt sein zwangloses Zusammensein mit Kindern, zum Teil mit den eigenen, zum Teil mit Schülern, schildert „erziehungsfreie Konflikte" und wie alle Beteiligten sie gemeinsam lösen, indem jeder für seine eigenen Grenzen einsteht. Ein Spinner? Ein Sozial-Romantiker? Als mir das Buch in die Hände fiel, hat es mich tief beglückt: diese Begeisterung für Kinder, dieses Zutrauen in ihre Schöpferkraft, diese Entlastung, als Erwachsene nicht immer alles steuern und kontrollieren zu müssen. Im Freundeskreis stieß ich mit „Kinder der Morgenröte" eher auf Unverständnis. Vielleicht weil nicht so richtig klar wurde, dass Schoenebeck sich durchaus gegenüber Kindern durchsetzt, aber ohne ihr Innerstes anzugreifen oder ihnen seine Überzeugungen einzupflanzen.

Michaela Schonhöft: Kindheiten. Wie kleine Menschen in anderen Ländern groß werden. München 2013.

Anmerkungen

[1] Wolfgang Bergmann: Wie Kinder Gefühle lernen. Audio-CD, Vortrag mit anschließender Diskussion. Gehalten auf dem Kongress „Familie unter Druck – Warum wir eine neue Wertschätzung der Familie brauchen". Erfurt 2009.

[2] Christiane Northrup: Frauenkörper. Frauenweisheit. Wie Frauen ihre ursprüngliche Fähigkeit zur Selbstheilung wiederentdecken können. München 1999, 2. Auflage, Seite 472.

[3] Nach Karl Heinz Brisch: Safe. Sichere Ausbildung für Eltern. Stuttgart 2011, Seite 40–67.

[4] Ebenda, Seite 44/45.

[5] Laut Interview mit Bindungsforscherin Fabienne Becker-Stoll: Krippe im ersten Lebensjahr? – Nein! In: faz-net, 02.8.2014.

[6] Karin Grossmann, Klaus E. Grossmann: Bindungen. Das Gefüge psychischer Sicherheit. Stuttgart 2012 (5. vollständig überarbeitete Auflage), Seite 101–116.

[7] Herbert Renz-Polster: Kinder verstehen. Born to be wild: Wie die Evolution unsere Kinder prägt. München 2014, Seite 309/310.

[8] Jean Liedloff: Auf der Suche nach dem verlorenen Glück. Gegen die Zerstörung unserer Glücksfähigkeit in der frühen Kindheit. München 1993, Seite 115.

[9] Wolfgang Bergmann: Warum unsere Kinder ein Glück sind. So gelingt Erziehung heute. Weinheim und Basel 2009, Seite 78.

[10] Wayne W. Dyer: Glück der positiven Erziehung. So werden Kinder frei, kreativ und selbständig. München 1989, Seite 192/193.

[11] Anna Wahlgren: Das KinderBuch. Wie kleine Menschen groß werden. Weinheim und Basel 2004, Seite 782.

[12] Jesper Juul: Dein kompetentes Kind. Auf dem Weg zu einer neuen Wertgrundlage für die ganze Familie. Reinbek bei Hamburg 2010, Seite 228.

[13] Maria Craemer, CoachingAcademie Bielefeld, auf einem Training.

[14] Herbert Renz-Polster: Kinder verstehen, Seite 22.

[15] Ebenda, Seite 26.

[16] Ebenda, Seite 28.

[17] Joachim Bauer: Lob der Schule. Sieben Perspektiven für Schüler, Lehrer und Eltern. Hamburg 2007, S. 102, in Bezug auf Studien von Marla Eisenberg und Kollegen.

[18] Stephan und Maria Craemer: Begeisterung ist nicht normal aber natürlich. Bielefeld 2008.

[19] Hubertus von Schoenebeck: Kinder der Morgenröte … unterstützen statt erziehen … Norderstedt 2004.

[20] Ebenda, Seite 31–35.

[21] Remo H. Largo/Martin Beglinger: Schülerjahre. Wie Kinder besser lernen. München 2009, Seite 284, Abbildung 1.

[22] Hans-Dietrich Raapke: Montessori heute. Eine moderne Pädagogik für Familie, Kindergarten und Schule. Reinbek bei Hamburg 2001, Seite 106.

[23] Vera F. Birkenbihl: Jungen und Mädchen: wie sie lernen. Welche Unterschiede im Lernstil Sie kennen müssen. Regensburg 2009, Seite 47.

[24] Ebenda, Seite 43/44.

[25] Louann Brizendine: Das männliche Gehirn. Warum Männer anders sind als Frauen. Hamburg 2010, Seite 40.

[26] Ebenda, Seite 41.

[27] Fee Czisch: Kinder können mehr. Anders lernen in der Grundschule. München 2005, Seite 99.

[28] Eine Idee der Lehrerin Sabine Czerny aus GEOWISSEN, Nr. 44, 11/09, Die ideale Schule, Seite 59.

[29] Martin Spiewak: Hattie-Studie. Ich bin superwichtig! In: ZEIT ONLINE, 14.1.2013.

[30] Tanja und Johnny Haeusler: Netzgemüse. Aufzucht und Pflege der Generation Internet. München 2012, Seite 280.

[31] Ebenda, Seite 214/215.

[32] Stephen R. Covey: Die 7 Wege zur Effektivität für Familien. Prinzipien für starke Familien. Offenbach 2009, Seite 65/66.

[33] Jesper Juul: Pubertät. Wenn Erziehen nicht mehr geht. Gelassen durch stürmische Zeiten. München 2010, Seite 23.

[34] Stephen R. Covey: Der Weg zum Wesentlichen. Der Klassiker des Zeitmanagements. Hörbuch. Frankfurt am Main 2007.

[35] Jesper Juul: Dein kompetentes Kind, Seite 98.

[36] Der Erziehungswissenschaftler und Kriminologe Jens Weidner in einem Vortrag am Gymnasium Blankenese in Hamburg im Oktober 2012.

[37] Remo H. Largo/Monika Czernin: Jugendjahre. Kinder durch die Pubertät begleiten. München 2011, Seite 55.

[38] Ebenda.

[39] Michael Schulte-Markwort: Burn-out-kids. Wie das Prinzip Leistung unsere Kinder überfordert. München 2015, Seite 211.

[40] Interview mit Michael Schulte-Markwort, Direktor der Klinik und Poliklinik für Kinder- und Jugendpsychosomatik am Universitätsklinikum Hamburg-Eppendorf: Keine Schuld der Eltern. In: Zeitbild Eltern, Jahrgang 48, März 2006, Seite 8.

[41] Allan Guggenbühl: Die Schule – ein weibliches Biotop? Psychologische Hintergründe der Schulprobleme von

Jungen. In: Michael Matzner/Wolfgang Tischner: Handbuch Jungen-Pädagogik. Weinheim und Basel 2008, Seite 151–153.

42 Ebenda, Seite 153.

43 Vera F. Birkenbihl: Jungen und Mädchen: wie sie lernen, Seite 51.

44 Allan Guggenbühl: Die Schule – ein weibliches Biotop? Seite 164.

45 Jesper Juul: Familienberatung. Perspektiven und Prozess. Hörbuch, München 2013.

46 Hubertus von Schoenebeck: Kinder der Morgenröte …, Seite 57.

47 Kedo Rittershof, CoachingAcademie Bielefeld, auf einem Training.

48 Ebenda.

49 Stephen R. Covey: Die 7 Wege zur Effektivität für Familien, Seite 218.

50 Ebenda, Seite 234.

51 Katrin Bischl: Wie Mitgefühl entsteht. In: Psychologie Heute, 9/2003, Endlich allein! Warum Sie mehr Zeit für sich selbst brauchen, Seite 17.

52 Adolf Timm: Die Gesetze des Schulerfolgs. Das Fortbildungsbuch für Eltern. Seelze-Velber 2009, Seite 25.

53 Ebenda.

54 Jesper Juul: Dein kompetentes Kind, Seite 103.

55 Die Kauai-Studie zusammengefasst nach: Georg Kormann (2007): Resilienz – Was Kinder stärkt und in ihrer Entwicklung unterstützt. In: M. Plieninger/E. Schumacher (Hrsg.): Auf den Anfang kommt es an – Bildung und Erziehung im Kindergarten und im Übergang zur Grundschule. Gmünder Hochschulreihe Nr. 27, Seite 37–56.

56 Sat Bir Singh Khalsa im Interview: Eine Sache der Disziplin. Yoga gilt als konzentrationsfördernd. Warum, erklärt der Neurowissenschaftler Sat Bir Khalsa aus Harvard. Brand 1, Wirtschaftsmagazin, Ausgabe 04/2014, Ruhe! Schwerpunkt Konzentration.

57 Ebenda.

58 Marie-Luise Scherer in einer Rede zit. in Hamburger Abendblatt vom 2.3.2012.

59 Janusz Korczak: Wie man ein Kind lieben soll. ... Seite (wird nachgereicht) ...

60 Stephen R. Covey: Der Weg zum Wesentlichen.

61 Hermann Unterstöger in: Süddeutsche Zeitung Nr. 60 vom 12.3.2002, Seite 15.

62 Neale Donald Walsch: Gespräche mit Gott. Ein ungewöhnlicher Dialog. Band 1, Seite 279.

63 Martin Spiewak: Wir sind keine Sorgenkinder! DIE ZEIT, 11. September 2014, Seite 16.

Die Autorin

Uta Allgaier schrieb Reportagen für die FAZ, die ZEIT und die Weltwoche in Zürich. Mit der Geburt des ersten Kindes begann sie, Erziehungsbücher zu verschlingen und absolvierte eine Ausbildung zur Elterntrainerin. „Familienglück" ist heute das zentrale Thema ihres Blogs „Wer ist eigentlich dran mit Katzenklo?" und ihrer Elternberatung. Sie lebt mit Mann, Sohn und Tochter in Hamburg.

Impressum

**Bibliografische Information der Deutschen National-
bibliothek**
Die Deutsche Nationalbibliothek verzeichnet diese
Publikation in der Deutschen Nationalbibliografie; detail-
lierte bibliografische Daten sind im Internet über
http://dnb.d-nb.de abrufbar.

ISBN 978-3-8319-0619-2

© Ellert & Richter Verlag GmbH, Hamburg 2015
3. Auflage 2017

Dieses Werk einschließlich aller seiner Teile ist urheber-
rechtlich geschützt. Jede Verwertung außerhalb der engen
Grenzen des Urheberrechtsgesetzes ist ohne Zustimmung
des Verlages unzulässig und strafbar. Dies gilt insbesondere
für Vervielfältigungen, Übersetzungen, Mikroverfilmungen
und die Einspeicherung und Verarbeitung in elektronischen
Systemen.

Texte: Uta Allgaier, Hamburg
Lektorat: Claudia Schneider, Hamburg
Titelillustration: Melanie Garanin, Falkensee
Innenillustration: fotolia © carlacdesign
Foto der Autorin: Stefanie Zillessen, Maren G. Glüer (Styling)
Gestaltung: BrücknerAping Büro für Gestaltung GbR,
Bremen
Gesamtherstellung: CPI books GmbH, Leck

www.ellert-richter.de
www.facebook.com/EllertRichterVerlag

240